essentials

Essentials liefern aktuelles Wissen in konzentrierter Form. Die Essenz dessen, worauf es als „State-of-the-Art" in der gegenwärtigen Fachdiskussion oder in der Praxis ankommt. *Essentials* informieren schnell, unkompliziert und verständlich

- als Einführung in ein aktuelles Thema aus Ihrem Fachgebiet
- als Einstieg in ein für Sie noch unbekanntes Themenfeld
- als Einblick, um zum Thema mitreden zu können

Die Bücher in elektronischer und gedruckter Form bringen das Fachwissen von Springerautor*innen kompakt zur Darstellung. Sie sind besonders für die Nutzung als eBook auf Tablet-PCs, eBook-Readern und Smartphones geeignet. *Essentials* sind Wissensbausteine aus den Wirtschafts-, Sozial- und Geisteswissenschaften, aus Technik und Naturwissenschaften sowie aus Medizin, Psychologie und Gesundheitsberufen. Von renommierten Autor*innen aller Springer-Verlagsmarken.

Daniel Bolz · Andreas Braun

Gründung und Führung studentischer Unternehmensberatungen

Ein Leitfaden für die Praxis

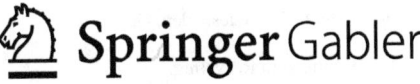 Springer Gabler

Daniel Bolz
BSP Business & Law
School – Hochschule für Management
und Recht
Berlin, Deutschland

Andreas Braun
BSP Business & Law
School – Hochschule für Management
und Recht
Berlin, Deutschland

ISSN 2197-6708 ISSN 2197-6716 (electronic)
essentials
ISBN 978-3-658-45995-6 ISBN 978-3-658-45996-3 (eBook)
https://doi.org/10.1007/978-3-658-45996-3

Die Deutsche Nationalbibliothek verzeichnet diese Publikation in der Deutschen Nationalbibliografie; detaillierte bibliografische Daten sind im Internet über https://portal.dnb.de abrufbar.

Planung/Lektorat: Ann-Kristin Wiegmann
Springer Gabler ist ein Imprint der eingetragenen Gesellschaft Springer Fachmedien Wiesbaden GmbH und ist ein Teil von Springer Nature.
Die Anschrift der Gesellschaft ist: Abraham-Lincoln-Str. 46, 65189 Wiesbaden, Germany

Wenn Sie dieses Produkt entsorgen, geben Sie das Papier bitte zum Recycling.

Was Sie in diesem *essential* finden können

- Eine Standortbestimmung und Einordnung studentischer Unternehmensberatungen
- Eine „Vermessung" studentischer Unternehmensberater:innen
- Eine Darstellung des Modus Operandi studentischer Unternehmensberatungen
- Eine Schritt-für-Schritt-Anleitung zur Gründung und Organisation studentischer Unternehmensberatungen

Vorwort

2020 hatten wir, die Autoren dieses Buches, erstmals die Idee, eine studentische Unternehmensberatung an der BSP Business & Law School Berlin zu etablieren. Unsere Erfahrung aus Beratungsunternehmen und verschiedenen Projekten hatte uns dazu inspiriert. Wir fanden den Gedanken einer studentischen Unternehmensberatung als Brücke zwischen akademischer Theorie und praktischer Anwendung besonders spannend.

Beim tieferen Einstieg in das Thema stellten wir schnell fest, dass es kaum frei verfügbare Informationen darüber gibt, wie man eine solche Beratung erfolgreich etabliert und organisiert. Auch ein Blick in die wissenschaftliche Literatur half wenig weiter. Die Forschung zu studentischen Unternehmensberatungen ist unterrepräsentiert. Angesichts dieser Informations- und Forschungslücke entschieden wir uns, ein Forschungsprojekt zu initiieren. Wir wollten studentische Unternehmensberatungen, vor allem die Motivation der Mitglieder sowie Aufbau und Ablauf, Struktur und Organisation, besser verstehen.

Dieses Buch ist das Ergebnis dieses Forschungsprojekts an der BSP Business & Law School Berlin. Es fasst unsere Studien zum Thema studentische Unternehmensberatung zusammen. Das gewonnenes Insiderwissen nutzen wir, um sowohl die Forschung zu beleuchten als auch eine praxisnahe Anleitung zu bieten. Unser Ziel mit diesem Buch ist es, zukünftigen Gründer:innen und aktuellen Führungskräften studentischer Beratungsfirmen, Hochschuladministrator:innen und Akademiker:innen eine fundierte Wissensbasis und praktische Werkzeuge an die Hand zu geben. Wir hoffen, dass dieser Leitfaden als Inspirationsquelle dient. Er soll zu weiteren Forschungsarbeiten sowie zur Gründung studentischer Unternehmensberatungen anregen.

Dieses Buch richtet sich an ein breites Spektrum von Leser:innen. Es spricht Menschen in unterschiedlichen Phasen ihrer beruflichen oder akademischen Laufbahn an. Es ist als Ressource für Studierende gedacht, die daran interessiert sind, ihr eigenes Beratungsunternehmen am Campus zu gründen, um Beratungskompetenzen zu entwickeln. Ebenfalls angesprochen werden Dozierende und Universitätsmitarbeiter:innen, die studentische Initiativen unterstützen und in curriculare sowie außercurriculare Programme integrieren möchten. Des Weiteren ist es ein Leitfaden für Unternehmer:innen und Führungskräfte. Diese könnten die Zusammenarbeit mit studentischen Unternehmensberatungen in Betracht ziehen oder ihre Erfahrungen an Studierende weitergeben wollen.

München   Daniel Bolz
Berlin   Prof. Dr. Andreas Braun
21.09.2024

Inhaltsverzeichnis

Einleitung 1

Zusammenfassung

Studentische Unternehmensberatungen verbinden akademische Theorie mit praktischer Anwendung und fördern Wissenstransfer und Innovation im Hochschulökosystem. Sie bieten Studierenden die Möglichkeit, Beratungsdienste anzubieten und berufliche sowie persönliche Fähigkeiten zu entwickeln. Trotz der zahlreichen aktiven Beratungen fehlt es an wissenschaftlicher Forschung und Leitfäden zur Gründung und Organisation. Dieses Buch schließt diese Lücke, indem es fundierte Wissensgrundlagen und praktische Werkzeuge bereitstellt.

Studentische Unternehmensberatungen nehmen aufgrund ihrer Position zwischen akademischer Theorie und praktischer Anwendung, ihrer Rolle als Plattformen für Wissenstransfer und Innovation sowie ihres hybriden Geschäftsmodells, das Elemente traditioneller studentischer Initiativen mit professionellen Aspekten kommerzieller Beratungsunternehmen kombiniert, eine zentrale Stellung im Hochschulökosystem ein. Diese einzigartigen Eigenschaften bringen verschiedene Vorteile für unterschiedliche Stakeholder mit sich. Sie fördern die persönliche und berufliche Entwicklung der Studierenden, bieten Unternehmen innovative und kosteneffiziente Lösungen und stärken die Attraktivität und Rolle der Hochschulen im Bildungssektor.

Studentische Unternehmensberatungen sind – gemäß der im nächsten Kapitel hergeleiteten Definition – von Studierenden geleitete Organisationen, die vielfältige Beratungsdienste anbieten. Diese Beratungen operieren typischerweise von Hochschulen aus und haben das Ziel, Studierenden praktische Erfahrungen zu ermöglichen, akademisches Wissen anzuwenden und sowohl persönliche als auch

D. Bolz und A. Braun, *Gründung und Führung studentischer Unternehmensberatungen*, essentials,
https://doi.org/10.1007/978-3-658-45996-3_1

berufliche Entwicklung zu fördern. Darüber hinaus tragen sie dazu bei, positive Veränderungen in der Gesellschaft und der akademischen Gemeinschaft zu bewirken.

Obwohl es in Deutschland mehr als 100 studentische Unternehmensberatungen gibt, die durch ihr großes Engagement und ihre Aktivitäten auffallen, fehlt bislang eine tiefgreifende wissenschaftliche Auseinandersetzung sowie ein Leitfaden zur Gründung und Organisation. Dieses Buch zielt darauf ab, diese Lücken zu schließen, indem es eine fundierte Wissensbasis und praktische Werkzeuge bereitstellt, um die Gründung und den Betrieb studentischer Unternehmensberatungen zu fördern und zu unterstützen.

Der weitere Aufbau ist dabei wie folgt:

Kap. 2 bietet eine **Standortbestimmung und Einordnung** des Themas. Der besondere Stellenwert studentischer Unternehmensberatungen im Hochschulökosystem wird untersucht und eine konzeptionelle Verortung vorgenommen. Dabei wird die Landschaft der studentischen Unternehmensberatungen in Deutschland skizziert und die wissenschaftliche Auseinandersetzung in der Literatur diskutiert. Diese Analyse zeigt Forschungslücken auf und erklärt das Spannungsfeld, das sich aus den vielschichtigen Beziehungen zwischen den Akteur:innen im Hochschulökosystem ergibt.

Kap. 3 widmet sich der **„Vermessung" studentischer Berater:innen.** Ein Einblick in die organisationspsychologischen Voraussetzungen und Konsequenzen einer Tätigkeit als studentische:r Unternehmensberater:in wird geboten. Teilergebnisse einer quantitativen Untersuchung von 349 Mitgliedern studentischer Unternehmensberatungen werden präsentiert, die Aspekte wie Motivation, Engagement, Arbeitszufriedenheit und Loyalität beleuchten.

In Kap. 4 wird der **Modus Operandi studentischer Unternehmensberatungen** – untergliedert in vier Phasen – detailliert beschrieben.

1. In der **Vor-Gründungsphase** entwickelt das Gründungsteam die Idee einer studentischen Unternehmensberatung und gewinnt Unterstützer:innen innerhalb der Hochschule, einschließlich Verwaltung, Professor:innen und potenzieller Mitglieder.

2. In der **Gründungsphase** werden wesentliche Rahmenbedingungen festgelegt. Dazu gehören u. a. Rechtsform, Standort und Name, organisationaler Aufbau und Ablauf sowie Beratungs- und Angebotsportfolio.

3. In der **Etablierungsphase** liegt der Fokus auf den internen Prozessen und Strukturen. Bestandteile davon sind die Bildung von Abteilungen, das Recruiting und Onboarding, das Wissensmanagement sowie der Umgang mit Fluktuation und die Durchführung externer Projekte.

4. Die **Projektphase** beschreibt schrittweise die Umsetzung von Beratungsprojekten – von der Initiierung bis zum Abschluss. Der Schwerpunkt liegt somit auf externen Aktivitäten und der Interaktion mit den Auftraggeber:innen.

Standortbestimmung und Einordnung 2

Zusammenfassung

Dieses Kapitel untersucht den besonderen Stellenwert studentischer Unternehmensberatungen im Ökosystem Hochschule. Er gibt eine konzeptionelle Verortung, indem er die Landschaft der studentischen Unternehmensberatungen in Deutschland skizziert und die wissenschaftliche Auseinandersetzung in der Literatur diskutiert. Auf diese Weise werden unter anderem Forschungslücken aufgezeigt und das Spannungsfeld erklärt, das sich aus den vielschichtigen Beziehungen zwischen den Akteuren im Ökosystem Hochschule ergibt.

Studentische Unternehmensberatungen haben im Ökosystem Hochschule – für dieses Buch definiert als dynamisches Netzwerk von Interaktionen und Beziehungen zwischen verschiedenen Akteuren inner- und außerhalb der Hochschule, die zusammenarbeiten, um Bildung, Forschung und Innovation zu fördern – einen besonderen Stellenwert (Gustafsson et al., 2023; Sansone et al., 2021). Dieser ergibt sich durch drei miteinander verknüpfte Aspekte: zum einen durch ihre Position zwischen Academia und Praxis, zum anderen durch ihre Funktion als Wissenstransfer- und Innovationsplattform und zuletzt durch ihr Geschäftsmodell, das Elemente traditioneller, studentischer Initiativen mit den professionellen Aspekten kommerzieller Beratungsunternehmen kombiniert.

Ziel dieses Abschnitts ist es, (1) eine wissenschaftliche Bestandsaufnahme zum Stand der Forschung bei studentischen Unternehmensberatungen zu geben und (2) durch das Aufzeigen der Chancen und Herausforderungen der relevanten Akteure das Spannungsverhältnis zu diskutieren, in dem sich studentische Unternehmensberatungen befinden.

© Der/die Autor(en), exklusiv lizenziert an Springer Fachmedien Wiesbaden GmbH, ein Teil von Springer Nature 2024
D. Bolz und A. Braun, *Gründung und Führung studentischer Unternehmensberatungen*, essentials,
https://doi.org/10.1007/978-3-658-45996-3_2

2.1   Eine erste Bestandsaufnahme

In Deutschland engagieren sich mehr als 5000 Studierende in studentischen Beratungen. Viele – wenn auch nicht alle – dieser Organisationen sind in zwei großen nationalen Dachverbänden organisiert: Das ist der Bund Deutscher Studentischer Unternehmensberatungen (kurz: BDSU) mit 36 Mitgliedsinitiativen und etwa 2900 Studierenden (BDSU, 2022) und das Junior Consulting Network (kurz: JCNetwork), das 40 studentische Beratungsorganisationen mit etwa 2600 Studierenden umfasst (JCNetwork, 2022). Darüber hinaus gibt es etwa 14 in kleineren, lokalen Zusammenschlüssen oder weitgehend unabhängig operierende studentische Beratungen. Auf europäischer Ebene sind rund 33.000 Studierende in rund 370 Vereinigungen aktiv, die sich der studentischen Unternehmensberatung widmen (Junior Enterprises Europe, 2022).

In einer eigenständigen Datenerhebung wurden 90 studentische Unternehmensberatungen in Deutschland mittels Suchmaschinenrecherche identifiziert (Stand: 18.02.2023). Auf Basis der gesammelten Daten wurde die erste studentische Unternehmensberatung 1988 gegründet. 15 der 90 studentischen Unternehmensberatungen sind in Baden-Württemberg, 14 in Nordrhein-Westfalen und 12 in Bayern angesiedelt. Im Durchschnitt haben die betrachteten Organisationen 68 Mitglieder, wobei die Größte ihre Mitgliederzahl mit 200 und die Kleinste mit 25 angibt.

50 der 90 studentischen Unternehmensberatungen geben die Anzahl der seit Gründung durchgeführten Projekte an. Diese Zahl schwankt stark zwischen 14 und 2770. Der Durchschnitt liegt bei 219 Projekten seit der Gründung. Berechnet man die Zahl der Projekte pro Jahr seit der Gründung, so ergibt sich ein Mittelwert von elf Projekten, mit einem Minimum von einem Projekt und einem Maximum von 100 Projekten pro Jahr. 62 der 90 studentischen Unternehmensberatungen geben an, mit externen Partnern zusammenzuarbeiten. Dies sind überwiegend klassische Unternehmensberatungen, aber auch regionale und lokale Unternehmen, die durch Fachwissen sowie Sach- und Finanzmittel unterstützen. Im Durchschnitt haben die studentischen Unternehmensberatungen sechs Partner. Das Minium liegt hier bei einem Partner, das Maximum bei 17 Partnern.

2.2   Eine wissenschaftliche Einordnung

Obgleich sich ein nicht unerheblicher Teil der Studierenden deutschlandweit in studentischen Unternehmensberatungen engagiert, ist der wissenschaftliche Kontext wenig erforscht. Dies gilt sowohl für die definitorische Abgrenzung als auch die wissenschaftliche Auseinandersetzung.

2.2.1 Begriffsabgrenzung und -definition

Eine begriffliche Einordnung soll an dieser Stelle durch die Verknüpfung der beiden Konzepte studentische Initiative und Unternehmensberatung hergeleitet werden:

Studentische Initiative
Der Begriff studentische Initiative bezieht sich auf organisierte Gruppen oder Projekte, die von Studierenden geleitet und durchgeführt werden, oft mit dem Ziel, spezifische Bildungs-, Sozial-, Kultur-, oder Unternehmensziele innerhalb oder außerhalb der Hochschulumgebung zu erreichen (Beher et al., 1998; Möller & Rundnagel, 2019). Diese Initiativen können eine breite Palette von Aktivitäten umfassen, darunter soziales Engagement, unternehmerische Vorhaben, kulturelle Veranstaltungen und wissenschaftliche Projekte. Studentische Initiativen bieten Studierenden die Möglichkeit, praktische Erfahrungen zu sammeln, Führungsqualitäten zu entwickeln und direkt Einfluss auf ihre Gemeinschaft oder ihr Fachgebiet zu nehmen (Möller & Rundnagel, 2019). Sie operieren oft innerhalb des Rahmens der Hochschule, können aber auch externe Partnerschaften eingehen. Typischerweise sind diese Initiativen nicht auf Profit ausgerichtet, sondern zielen darauf ab, einen Beitrag zur persönlichen Entwicklung der Teilnehmenden und zur Verbesserung der Gesellschaft oder der akademischen Gemeinschaft zu leisten (Egerton, 2002; O'Flaherty et al., 2022).

Unternehmensberatung
Der Begriff Unternehmensberatung bezeichnet Dienstleistungen, die darauf ausgerichtet sind, Organisationen bei der Identifikation und Lösung von geschäftlichen Herausforderungen zu unterstützen. Aus einer organisationalen Perspektive bieten Unternehmensberatungen Fachwissen und Beratung in verschiedenen Bereichen wie Management, Strategie, Organisation, Technologie und Finanzen. Im Kern unterstützen Unternehmensberatungen Organisationen dabei, ihre Leistung zu verbessern, indem sie Probleme analysieren, Lösungen vorschlagen und bei der Implementierung dieser Lösungen helfen. Dies kann die Umstrukturierung von Geschäftsprozessen, die Einführung neuer Technologien oder die Entwicklung neuer Strategien für Wachstum und Wettbewerbsfähigkeit umfassen (Nissen, 2007). Unternehmensberater:innen arbeiten eng mit dem Management der Klient:innen zusammen, um ein tiefes Verständnis der spezifischen Herausforderungen und Möglichkeiten des Unternehmens zu erlangen. Sie nutzen ihre Fachkenntnisse und oft branchenspezifisches Wissen, um maßgeschneiderte Empfehlungen und Strategien zu entwickeln (Lippold, 2019).

Studentische Unternehmensberatung
Der Begriff studentische Unternehmensberatung kombiniert die Konzepte der
studentischen Initiative und der professionellen Unternehmensberatung. Für den
weiteren Verlauf dieser Arbeit wird eine studentische Unternehmensberatung definiert als eine von Studierenden geleitete Organisation, die darauf spezialisiert
ist, geschäftliche Herausforderungen zu identifizieren und Lösungen zu entwickeln. Diese Organisationen bieten Beratungsdienste in Feldern wie Management,
Strategie, Organisation und Technologie an, vergleichbar mit professionellen Unternehmensberatungen. Das Hauptziel ist es, Studierenden praktische Erfahrungen
in einem professionellen Umfeld zu bieten und gleichzeitig akademisches Wissen praktisch anzuwenden. Studentische Unternehmensberatungen arbeiten häufig
innerhalb des Rahmens von Hochschulen, sind jedoch auch offen für externe Partnerschaften. Sie sind typischerweise nicht auf Gewinn ausgerichtet, sondern streben
danach, zur persönlichen Entwicklung der Studierenden beizutragen und positive
Veränderungen in der Gesellschaft oder der akademischen Gemeinschaft zu fördern. Durch ihre Tätigkeit haben Studierende die Möglichkeit, Führungsqualitäten
zu entwickeln, praktische Erfahrungen zu sammeln und theoretisches Wissen in
realen Projekten anzuwenden.

> **Definition – Studentische Unternehmensberatung**
> Eine studentische Unternehmensberatung ist eine von Studierenden gelei-
> tete Organisation, die vergleichbar mit professionellen Unternehmensbera-
> tungen Beratungsdienste, u. a. in den Bereichen Management, Strategie,
> Organisation, Marketing und Technologie anbietet und typischerweise aus
> dem Ökosystem Hochschule heraus operiert. Ihr Ziel ist es, Studierenden
> praktische Erfahrungen zu ermöglichen, akademisches Wissen anzuwenden
> und sowohl persönliche als auch berufliche Entwicklung zu fördern sowie
> positive Veränderungen in der Gesellschaft und akademischen Gemein-
> schaft zu bewirken.

2.2.2 Überblick über die Literatur

Im wissenschaftlichen Diskurs gibt es bislang nur wenige Untersuchungen,
die sich explizit mit dem Themenbereich „Studentische Unternehmensberatung"

beschäftigen. Eine Suche mit den Begriffen „Student Consultancy" OR „Junior Enterprise" OR „Student Consulting" ergab für den Betrachtungszeitraum ab 1973 lediglich 54 Ergebnisse in der wissenschaftlichen Datenbank EBCSOhost mit mehr als 50 Mio. wissenschaftlichen Beiträgen (Stand 15.04.2024).

Alle Beiträge wurden erfasst und im ersten Schritt einer Abstract-Auswertung (Lesen der Abstracts zur Einschätzung des thematischen Schwerpunkts) unterzogen. 12 Artikel wurden im Zuge dieser Auswertung ausgeschlossen, da sie das Thema nur am Rande ansprechen. Die verbleibenden 42 Beiträge wurden anschließend gelesen und den im Laufe des Lesens deduktiv entwickelten Themenbereichen (1) Fähigkeitsentwicklung, (2) Pädagogische Innovationen und Lehrmethoden, (3) Interdisziplinäre und teambasierte Projekte, (4) Soziale und gesellschaftliche Auswirkungen sowie (5) Ausbildung und Karrierevorbereitung zugeordnet.

Im Folgenden werden die Ergebnisse überblicksartig dargestellt:

(1) Praktische und berufliche Fähigkeitsentwicklung Ein Großteil der Untersuchungen betont die Bedeutung von praktischen Erfahrungen, die Studierende durch die Teilnahme an studentischen Unternehmensberatungen sammeln (Calnan et al., 2020; Ford et al., 2023; Grossman, 2002; Lizzio & Wilson, 2004). Diese Erfahrungen sind oft entscheidend für die Entwicklung von beruflichen Fähigkeiten wie kritisches Denken, Problemlösung, Teamarbeit und effektive Kommunikation (Almeida et al., 2021; Belwal et al., 2021; Canziani & Tullar, 2017; Lizzio & Wilson, 2004).

(2) Pädagogische Innovationen und Lehrmethoden Ein kleinerer Teil der Beiträge diskutiert innovative Lehrmethoden wie projektbasiertes Lernen (PBL), die durch studentische Unternehmensberatungen gefördert werden (Harris et al., 2022; Massiera, 2021). Diese Methoden ermöglichen es Studierenden, Theorie und Praxis zu verbinden und dadurch ein tieferes Verständnis der Lehrinhalte zu entwickeln (Desai et al., 2014; Lycko & Galanakis, 2021; Peake & Potter, 2022; Phillips, 2010; Thompson, 2018).

(3) Interdisziplinäre und teambasierte Projekte Die interdisziplinäre Zusammenarbeit in studentischen Beratungsprojekten hilft Studierenden, verschiedene Perspektiven zu verstehen, und fördert eine umfassende Herangehensweise an Problemlösungen. Diese Projekte beinhalten häufig Teamarbeit, die für die Arbeitswelt essenziell ist (Brockman & Soydan, 2019; Dias Campos et al., 2014; Ford et al., 2023; Heriot et al., 2008; Khanin & Teckchandani, 2016).

(4) Soziale und gesellschaftliche Auswirkungen Einige wenige Arbeiten beleuchten, wie studentische Unternehmensberatungen nicht nur den Teilnehmenden, sondern auch der lokalen Gemeinschaft Vorteile bringen. Diese Projekte können lokale Organisationen unterstützen und gleichzeitig soziale Verantwortung und Engagement fördern (Ardley & Taylor, 2010; Desai & Armond, 202; Harris et al., 2022; Khan et al., 2018; Sonfield, 1981).

(5) Ausbildung und Karrierevorbereitung Die Teilnahme an studentischen Unternehmensberatungen, so die übereinstimmende Meinung in den untersuchten Artikeln, bereitet Studierende auf den Arbeitsmarkt vor, indem sie nicht nur relevante Fähigkeiten vermittelt, sondern auch professionelles Verhalten und ethische Grundsätze fördert (Clute, 1986; De Freitas et al., 2019; Dias Campos et al., 2014; Holler Phillips, 2011; Moraes et al., 2022; Pittaway et al., 2015; Portney et al., 2019; Thompson & Tumu, 2020).

Aus der Literaturrecherche ergibt sich, dass studentische Unternehmensberatungen einen Beitrag zur praktischen und beruflichen Entwicklung von Studierenden leisten. Sie gelten als eine innovative, praxisnahe Methode, die interdisziplinäre und teambasierte Lernerfahrungen unterstützt, die einen positiven sozialen Beitrag haben und die bei der Vorbereitung auf die berufliche Zukunft der Studierenden helfen. Eigenständig akquirierte und durchgeführte Projekte ermöglichen es Studierenden, theoretisches Wissen auf reale Situationen anzuwenden und dabei eine Vielzahl von Fähigkeiten zu schärfen, die auf dem Arbeitsmarkt hochgeschätzt werden, einschließlich Problemlösung, Führung und Kommunikation. Darüber hinaus profitieren nicht nur die Studierenden von solchen Initiativen, sondern sie bringen auch einen Mehrwert für die Partnerorganisationen und die breitere Gemeinschaft durch praktisches Engagement und strategische Entwicklung.

Die Literaturanalyse zeigt aber auch, dass es noch Forschungsbedarf gibt. Dies betrifft zum einen die Forschungsthemen, zum anderen die Untersuchungsperspektive.

2.2.3   Zukünftige Forschungsthemen

Zukünftige Forschungen im Bereich der studentischen Unternehmensberatung könnten folgende Themenbereiche umfassen:

(1) Erfolgsmessung Es könnten Metriken und Methoden entwickelt werden, um die Wirksamkeit von studentischen Unternehmensberatungen zu beurteilen und deren Einfluss auf die Bildungsergebnisse sowie die berufliche Entwicklung der Studierenden zu messen.

(2) Impact-Analyse Forschung sollte sich auch darauf konzentrieren, die langfristigen Auswirkungen der Teilnahme an studentischen Unternehmensberatungen auf die Karrierewege der Studierenden und die Leistung der beratenen Organisationen zu untersuchen.

(3) Diversität und Inklusion Es ist von Interesse zu erforschen, wie eine diverse Studierendenschaft die Arbeit in studentischen Unternehmensberatungen beeinflusst und welche Maßnahmen ergriffen werden können, um Diversität und Inklusion innerhalb dieser Programme zu fördern.

(4) Internationale und interkulturelle Perspektiven Es wäre wertvoll zu untersuchen, wie kulturelle Unterschiede die Prozesse in studentischen Unternehmensberatungen prägen und inwieweit sich studentische Unternehmensberatungen in unterschiedlichen Ländern hinsichtlich Strukturen und Prozesse unterscheiden.

(5) Unternehmerisches Lernen Studien könnten den Einfluss von studentischen Unternehmensberatungen auf die Förderung unternehmerischer Fähigkeiten und Denkweisen beleuchten.

(6) Organisationsstrukturen und Geschäftsmodelle Es sollte untersucht werden, wie die organisatorischen Rahmenbedingungen und Geschäftsmodelle von studentischen Beratungen den Erfolg der Projekte beeinflussen.

2.2.4 Unterschiedliche Perspektiven

Bezogen auf die drei Akteure Hochschule, Auftraggeber und studentische Unternehmensberatung wird in der Literatur überwiegend die Perspektive der Hochschule als Ort der Wissensvermittlung betrachtet (siehe u. a. Belwa et al., 2021; Cook-Sather, 201; De Freitas, et al., 2019; Dias Compos et al., 2014; Lycko & Galanakis, 2021). In den weitaus geringeren Maßen wird die Perspektive der Auftraggeber (i. d. R. die beauftragende Organisation) eingegangen (Ardley & Taylor, 2010; Brockman, 2019; Desai & Armond, 2021; Harris et al., 2022; Sonfield, 1981). Die Perspektive der studentischen Unternehmensberatungen ist noch weitgehend unerforscht. Die wenigen Beiträge, die sich diesem Themenbereich annehmen, geben in erster Linie einen Überblick über Größe, Aufbau und Kunden zu studentischen Unternehmensberatungen. Zudem fehlen praktische Empfehlungen, Leitfäden und Checklisten, wie studentische Unternehmensberatungen gegründet, aufgebaut und erfolgreich geführt werden. Das Buch möchte einen kleinen Beitrag dazu leisten, diese Lücke zu schließen.

2.3 Das Spannungsfeld studentischer Unternehmensberatungen

Studentische Unternehmensberatungen nehmen im Ökosystem Hochschule eine besondere Position ein, die für alle Akteure Chancen bietet, aber auch Herausforderungen birgt. Im Folgenden werden die vielschichtigen Beziehungen und das Spannungsfeld untersucht, in dem sich studentische Unternehmensberatungen bewegen. Dabei wird deutlich, wie studentische Projekte nicht nur zur persönlichen und beruflichen Entwicklung der Studierenden beitragen, sondern auch strategische Vorteile für Unternehmen und Bildungseinrichtungen schaffen können.

2.3.1 Perspektive der (potenziellen) Auftraggeber

Aus der Perspektive potenzieller Auftraggeber sind studentische Unternehmensberatungen attraktiv im Hinblick auf Kosteneffizienz, Perspektivwechsel und Talentförderung. Dagegen ergeben sich Herausforderungen durch Erfahrungsmangel, verminderte Professionalität und Projektrisiko.

Chancen für (potenzielle) Auftraggeber
Studentische Unternehmensberatung bieten für auftraggebende Organisationen eine kostengünstige Alternative zu professionellen Beratungsfirmen. Die durchschnittlichen Tagessätze liegen mit 300 bis 700 EUR deutlich unter denen professioneller Unternehmensberater:innen.

Gleichzeitig bringen Studierende innovative Ideen und aktuelle, akademische Erkenntnisse in die Beratungsprojekte ein. Diese frischen Perspektiven sind besonders wertvoll in schnelllebigen Branchen, in denen konventionelle Ansätze eine hohe Halbwertszeit haben.

Die Zusammenarbeit mit studentischen Beratungen ermöglicht es Auftraggeber zudem, frühzeitig potenzielle zukünftige Mitarbeiter:inn zu identifizieren und zu fördern. Dieser „Early-Talent-Pipeline"-Ansatz wird oft als strategisches Element in der Personalplanung eingesetzt und kann langfristig helfen Rekrutierungskosten zu senken.

Herausforderungen für (potenzielle) Auftraggeber
Der Mangel an praktischer Erfahrung unter den studentischen Berater:innen kann ein Risiko für die Qualität und damit für die Breite und Tiefe der Beratungsleistungen darstellen. Während theoretisches Wissen wertvoll ist, kann der Mangel an praktischer Erfahrung in komplexen Beratungssituationen zu weniger effektiven Lösungen führen.

Zudem kann die Professionalität in studentischen Beratungsprojekten variieren, da Studierende in unterschiedlichen Phasen ihrer akademischen und persönlichen Entwicklung stehen. Dies kann zu Inkonsistenzen in der Qualität der Dienstleistungen führen und die Zufriedenheit der Auftraggeber beeinträchtigen.

Darüber hinaus können Projekte, die von studentischen Beratungen durchgeführt werden, aufgrund von akademischen Verpflichtungen der Studierenden oder ihrer begrenzten Fähigkeiten zu Verzögerungen führen. Zudem sind studentische Beratungsprojekte oft auf das Semester getaktet, was zu Brüchen in der Projektbetreuung führen kann, wenn wichtige Phasen des Projektes mit Prüfungszeiträumen zusammenfallen.

2.3.2 Perspektive der (potenziellen) Mitglieder

Aus der Perspektive der (potenziellen) Mitglieder in studentischen Unternehmensberatungen bestehen die Chancen u. a. im Aufbau von Praxiserfahrung, Netzwerken und Kompetenzen. Zu den wichtigsten Herausforderungen zählen die Work/Study-Life-Balance, der Professionalitätsdruck sowie Unsicherheit und Stress.

Chancen für (potenzielle) Mitglieder
Eine der signifikantesten Chancen für Studierende in studentischen Unternehmensberatungen ist die Möglichkeit, theoretisches Wissen in der Praxis umzusetzen. Durch die Mitarbeit an realen Beratungsprojekten können die Studierenden nicht nur ihr Verständnis von theoretischen Konzepten vertiefen, sondern auch ihre Fähigkeiten unter Beweis stellen und praktische Erfahrungen sammeln, die in der akademischen Ausbildung oft nicht möglich sind.

Der Aufbau von beruflichen Netzwerken ist eine weitere wesentliche Chance für Studierende. Durch die direkte Zusammenarbeit mit Unternehmen und anderen professionellen Akteuren können Studierende wertvolle Kontakte knüpfen, die für ihre zukünftige Karriere entscheidend sein können. Diese Netzwerke bieten nicht nur potenzielle Karrierewege, sondern auch Zugang zu Branchenwissen und -einblicken, die außerhalb des Hochschulsystems liegen.

In studentischen Unternehmensberatungen entwickeln Studierende Schlüsselkompetenzen wie Projektmanagement, Teamarbeit und Problemlösung. Diese Fähigkeiten sind in der modernen Arbeitswelt hochgeschätzt und bereiten die Studierenden darauf vor, effektive Beiträge in ihren zukünftigen Berufen zu leisten. Die praktische Anwendung dieser Kompetenzen in realen Projekten verstärkt ihre Lernerfahrung und ihre persönliche Entwicklung.

Herausforderungen für (potenzielle) Mitglieder

Eine große Herausforderung für Studierende, die in studentischen Unternehmensberatungen tätig sind, ist das Management der Work/Study-Life-Balance. Die Notwendigkeit, akademische Verpflichtungen mit den Anforderungen der Projektarbeit in Einklang zu bringen, kann zu hohem Stress und letztlich Burnout führen. Eine Balance zu finden, ist oft eine schwierige Aufgabe, besonders während intensiver Phasen des Studiums oder bei anspruchsvollen Projekten.

Studierende in Beratungsprojekten stehen zudem oft unter dem Druck, professionelle Leistungen zu erbringen, obwohl sie möglicherweise noch keine entsprechenden Erfahrungen gesammelt haben. Dies kann zu Unsicherheiten und Angst vor Fehlern führen, was die Lern- und Arbeitsatmosphäre beeinträchtigen kann. Der Umgang mit diesem Druck und die gleichzeitige Aufrechterhaltung hoher Standards kann eine erhebliche Herausforderung darstellen.

Der Druck, in realen Unternehmensumfeldern zu performen, kann für Studierende, die noch in der Lernphase sind, darüber hinaus erheblichen Stress verursachen. Die Angst, die Erwartungen nicht zu erfüllen oder die Konsequenzen von Fehlern zu tragen, kann zu Stress führen und hat das Potenzial, das Selbstvertrauen und die Leistung der Studierenden zu beeinträchtigen.

2.3.3　Perspektive der studentischen Unternehmensberatung

Aus der Perspektive der studentischen Unternehmensberatung als Organisation erwachsen als Chancen u. a. die institutionelle Anerkennung und der Aufbau von Partnerschaften; natürliche Fluktuation und der damit einhergehende

Wissensabfluss sowie die beschränkte Verfügbarkeit von Ressourcen stellen Herausforderungen dar.

Chancen für studentische Unternehmensberatungen
Studentische Unternehmensberatungen stärken durch ihre erfolgreiche Arbeit nicht nur ihre Position innerhalb des Ökosystems der Hochschule, sondern erhöhen auch ihr Ansehen darüber hinaus. Diese Anerkennung kann sich positiv auf die gesamte Institution auswirken, indem sie die Qualität und den Praxisbezug der Ausbildung unterstreicht und die Hochschule als Innovationszentrum positioniert.

Durch die erfolgreiche Durchführung von Projekten können studentische Unternehmensberatungen wertvolle Partnerschaften mit Unternehmen und anderen Organisationen aufbauen. Diese Partnerschaften sind nicht nur für die Akquisition neuer Projekte wichtig, sondern eröffnen auch Möglichkeiten für die Studierenden, Erfahrungen in verschiedenen Branchen zu sammeln und ihre beruflichen Aussichten zu verbessern.

Herausforderungen für studentische Unternehmensberatungen
Eine der größten Herausforderungen für studentische Unternehmensberatungen ist die hohe Fluktuation der Mitglieder, die hauptsächlich durch den Studienabschluss bedingt ist. Diese Fluktuation kann die Kontinuität und die Qualität der Projektarbeit beeinträchtigen, da kontinuierlich explizites und implizites Wissen verloren geht und neue Mitglieder eingearbeitet werden müssen.

Aufgrund der hohen Mitgliederfluktuation ist effektives Wissensmanagement entscheidend. Nur so kann sichergestellt werden, dass wertvolles Wissen innerhalb der Organisation erhalten bleibt. Strategien wie die Dokumentation von Projekterfahrungen, beispielsweise durch Wiki-Systeme, und regelmäßige Schulungen sind notwendig, um das Know-how zu bewahren und an neue Mitglieder weiterzugeben.

Studentische Unternehmensberatungen stehen oft vor der Herausforderung begrenzter finanzieller und organisatorischer Ressourcen. Diese Beschränkungen können das Wachstum und die Skalierbarkeit der Organisation begrenzen, was es schwierig macht, die Anzahl und den Umfang der Projekte zu erweitern oder zusätzliche Dienstleistungen anzubieten.

2.3.4   Perspektive der Hochschulen

Für Hochschulen sind angelagerte studentische Unternehmensberatungen sowohl eine Chance im Hinblick auf Reputation und Attraktivität sowie Engagement und Anwendung, als auch Herausforderung bezogen auf Ressourcenzuteilung und Qualitätssicherung.

Chancen für Hochschulen

Hochschulen können ihre Reputation und Attraktivität durch erfolgreiche studentische Unternehmensberatungen erheblich steigern. Diese Initiativen demonstrieren die praktische Anwendbarkeit der akademischen Ausbildung und ziehen potenzielle Studierende an, die eine praxisorientierte Lernumgebung suchen. Der Erfolg solcher Programme unterstreicht die Fähigkeit der Hochschulen, die Studierenden auf die realen Herausforderungen der Arbeitswelt vorzubereiten.

Studentische Unternehmensberatungen fördern zudem ein Lernumfeld, das stark auf Engagement und praktische Anwendung des Gelernten ausgerichtet ist. Durch die aktive Teilnahme an realen Projekten können Studierende theoretisches Wissen in die Praxis umsetzen und wertvolle Erfahrungen sammeln, die in einem rein akademischen Kontext schwer zu vermitteln sind.

Herausforderungen für Hochschulen

Die Unterstützung von studentischen Unternehmensberatungen erfordert oft erhebliche Ressourcen, einschließlich Finanzierung, Raumangebot und administrativer Unterstützung. Diese Ressourcenzuteilung kann eine Herausforderung darstellen, da sie möglicherweise von anderen Bereichen ablenkt oder die Budgets für andere akademische Programme einschränkt.

Eine weitere große Herausforderung für Hochschulen besteht darin, sicherzustellen, dass die von den Studierenden erbrachten Dienstleistungen den akademischen und professionellen Standards entsprechen. Die Qualitätssicherung ist entscheidend, um den Ruf der Institution zu wahren und die Integrität des Bildungsangebots zu garantieren. Dies erfordert eine sorgfältige Überwachung und Bewertung der studentischen Projekte sowie gegebenenfalls Korrekturen und Leitlinien, um die Einhaltung dieser Standards zu gewährleisten.

Eine „vermessung" Studentischer Berater:innen

Zusammenfassung

Das Kapitel bietet einen Einblick in die organisationspsychologischen Voraussetzungen und Konsequenzen einer Tätigkeit als studentischer Unternehmensberater:in. Es werden dabei Teilergebnisse einer quantitativen Untersuchung von 349 Mitgliedern studentischer Unternehmensberatungen bezüglich Motivation, Engagement, Arbeitszufriedenheit und Loyalität dargestellt.

Eine Forschungslücke, die sich aus dem Literaturüberblick ableiten lässt, ist, dass es bislang kaum „Innenansichten" zu studentischen Unternehmensberatungen gibt, etwa zu den Themenbereichen Motivation und Engagement, Lernerfahrungen und Kompetenzentwicklung, Wissensbildung und -transfer, Rollenverteilung und Verantwortlichkeiten sowie Organisationsaufbau und -ablauf. Ziel des fast einjährigen Forschungsprojekts an der BSP Business & Law School Berlin war es, diese Lücke zu schließen. Dazu wurden sowohl qualitative als auch quantitative Erhebungsverfahren angewendet. Die im Folgenden präsentierten, ausgewählten Ergebnisse basieren auf einer quantitativen Erhebung, die im Zeitraum November 2022 bis Februar 2023 durchgeführt wurde und an der insgesamt 349 Mitglieder deutscher studentischer Unternehmensberatungen teilnahmen.

Beschreibung der Stichprobe

Von den 349 Teilnehmer:innen der Umfrage sind 217 männlich (62 %) und 132 weiblich (38 %). 44 der 349 Befragten geben an, im Vorstandsteam aktiv zu sein. Der Frauenanteil liegt dabei bei 41 %. Das Durchschnittsalter der Stichprobe beläuft sich auf 23 Jahre (min = 18; max = 34). Die Befragten sind im Durchschnitt seit 2,5 Jahren in einer studentischen Beratung aktiv. Die Verteilung zwischen Bachelor- und

Masterstudiengängen liegt bei 62 zu 30 % (mit acht Prozent „sonstiger Abschluss").
Bei den Studiengängen dominieren die Wirtschaftswissenschaften (43 %), vor
Ingenieurwesen und Maschinenbau (13,5 %) sowie der Informatik (12,5 %). Im
Durchschnitt arbeiten die Studierenden 20 h pro Woche für ihre Beratung (min =
6; max = 35).

Gründe für das Engagement

Die Gründe für das Engagement in einer studentischen Unternehmensberatung wurden sowohl quantitativ (mit standardisierten Fragen) als auch qualitativ (in Form
eines Freitextfeldes) erhoben. Auf Basis einer Mittelwertanalyse (MW) sind für
die Befragten die folgenden drei Gründe für ein Engagement (auf einer Skala
von 1 bis 7) besonders wichtig: 1. Vorbereitung auf eine spätere Karriere in einer
Unternehmensberatung (MW: 6,2), 2. Verbesserung der Kommunikations- bzw. Prä-
sentationsfähigkeiten (MW: 6,1) und 3. Erweiterung des professionellen Netzwerks
(MW: 5,9). Die Aussage „Mit meiner Tätigkeit Geld zu verdienen" kam unter acht
angeführten Gründen auf dem letzten Platz (MW: 3,5).

Die qualitative Inhaltsanalyse der 134 Textstellen bestätigt die quantitative Erhebung. So werden besonders häufig praktisches Lernen, persönliches Wachstum,
berufliche Entwicklung, Bereicherung der Ausbildung und Netzwerken angeführt.
Hinzu kommt der Aspekt, das eigene unternehmerische Denken zu entwickeln,
indem die Studierenden lernen, Risiken zu managen, innovativ zu denken und
Geschäftschancen zu erkennen.

Arbeitszufriedenheit und Motivation

Ein weiterer Aspekt, der mit Hilfe der Umfrage untersucht wird, sind Arbeitszufriedenheit und Motivation der studentischen Berater:innen. Um Aussagen darüber
treffen zu können, wurden als Proxies der Motivation Potenzial Score (MPS) und
der Net Promotor Score (NPS) erhoben:

Der MPS ist ein Index, der im Rahmen des Job Characteristics Models nach Hackman und Oldham (1976) verwendet wird, um das Motivationspotenzial einer Arbeit
zu messen. Er wird berechnet durch die Kombination der drei psychologischen
Zustände erlebte Bedeutsamkeit der Arbeit, erlebte Verantwortung für Arbeitsergebnisse und Kenntnis der tatsächlichen Arbeitsergebnisse, die durch die fünf
Kerndimensionen der Arbeit, i.e. Anforderungsvielfalt, Ganzheitlichkeit der Aufgabe, Bedeutung der Aufgabe, Autonomie und Rückmeldung beeinflusst werden.
Im organisationalen Kontext hilft der MPS dabei einzuschätzen, wie motivierend
eine Arbeitsstelle potenziell für Mitarbeiter:innen sein kann. Je höher der MPS,
desto größer ist das angenommene Motivationspotenzial der betreffenden Tätigkeit.

Bezogen auf die befragten studentischen Unternehmensberater:innen liegt der aus der Umfrage berechnete Mittelwert bei 112,69, bei einer Spannweite zwischen 15 und 211,75. Dieses Ergebnis weist auf ein hohes Motivationspotenzial der Tätigkeit hin. Die Einzeldimensionen Vielfalt, Identität, Bedeutung, Autonomie und Feedback weisen allesamt überdurchschnittliche hohe Werte auf, mit Mittelwerten zwischen 5,1 und 5,9 (auf einer Skala von 1 bis 7). Die Werte deuten auf positive Wahrnehmungen der Arbeitseigenschaften hin, die für hohe intrinsische Motivation entscheidend sind. Insgesamt legen diese Ergebnisse nahe, dass die Mitglieder ihre Arbeit als bereichernd und motivierend empfinden.

Der NPS ist eine Kennzahl, die ihren Ursprung im Marketing hat und Kundenloyalität misst. Kund:innen werden gefragt, wie wahrscheinlich es ist, dass sie ein Unternehmen, ein Produkt oder eine Dienstleistung Freunden oder Kollegen weiterempfehlen würden, auf einer Skala von 0 (überhaupt nicht wahrscheinlich) bis 10 (äußerst wahrscheinlich). Antworten werden in drei Gruppen eingeteilt: Promotoren (9–10), Passive (7–8) und Detraktoren (0–6). Der NPS wird berechnet, indem der Prozentsatz der Detraktoren vom Prozentsatz der Promotoren abgezogen wird. In einem weiteren Sinne kann der NPS angewendet werden, um die Zufriedenheit von Mitarbeiter:innen mit Bezug auf das Unternehmen und deren Produkte und Dienstleistungen zu messen (Baehre et al., 2022).

Bezogen auf die befragten studentischen Unternehmensberater:innen misst die Frage „Wie wahrscheinlich ist es, dass Du Freund:innen oder Kommiliton:innen empfiehlst, sich ebenfalls in deiner studentischen Unternehmensberatung zu engagieren" den nach innen gerichteten und die Frage „Wie wahrscheinlich ist es, dass Du einem Unternehmen empfiehlst, ein Projekt mit deiner studentischen Unternehmensberatung durchzuführen" den nach außen gerichteten NPS. Die NPS-Ergebnisse von 45 für den internen und 46 für den externen NPS weisen auf eine solide Loyalität und Zufriedenheit hin. Im Kontext der NPS-Bewertungsskala, die von -100 bis $+100$ reicht, deutet ein Score von über 0 darauf hin, dass die Mehrheit der Befragten bereit ist, ihre Unternehmensberatung weiterzuempfehlen. Ein Wert von mehr als 50 gilt als exzellent. Die vorliegenden Werte nahe 50 zeigen also, dass die studentischen Unternehmensberater:innen eine starke Bereitschaft haben, ihre positive Erfahrung zu teilen, sowohl unter Kommiliton:innen (interner NPS) als auch gegenüber potenziellen Auftraggebern (externer NPS).

Zusammenfassung

Dieses Kapitel bietet einen Überblick über die Schritte zur Gründung von sowie zu Aufbau und Ablauf in studentischen Unternehmensberatungen. Er dient als Handreichung für Gründungsteams in der Vor-Gründungsphase und Gründungsphase, als Leitfaden zur Etablierung im Ökosystem Hochschule und als „Kochrezept" zur Umsetzung von Projekten. Alle Abschnitte sind detailliert beschrieben und mithilfe von Übersichten und Checklisten dargestellt.

Der Modus Operandi studentischer Unternehmensberatungen gliedert sich in vier Phasen:

(1) Vor-Gründungsphase

Die Vor-Gründungsphase ist das erste Projekt, das das Gründungsteam annimmt. Hier geht es vor allem um zwei Punkte: Die Idee einer studentischen Unternehmensberatung zu formulieren und Mitstreiter:innen innerhalb der Hochschule – Verwaltung, Professor:innen und potenzielle Mitglieder – für die Idee zu gewinnen.

(2) Gründungsphase

In der Gründungsphase legt das Gründungsteam die wesentlichen Grundsteine – von der Einbindung in das Ökosystem Hochschule, über den Aufbau von notwendigem Know-how bis hin zum normativen Rahmen (Rechtsform, Standort, Namensfindung) und zum Beratungs- und Angebotsportfolio – fest.

D. Bolz und A. Braun, *Gründung und Führung studentischer Unternehmensberatungen*, essentials,
https://doi.org/10.1007/978-3-658-45996-3_4

(3) Etablierungsphase
In der Etablierungsphase wird die Unterstützungsebene festgelegt. Der Fokus liegt auf den internen Prozessen und Strukturen. Dazu gehört u. a. die Bildung von Abteilungen, der Ablauf von Recruiting und Onboarding, das Wissensmanagement und der Umgang mit Fluktuation.

(4) Projektphase
Die Projektphase beschreibt ein Beratungsprojekt von der Initiierung, über die praktische Umsetzung bis zum Abschluss. Der Schwerpunkt liegt auf den externen Aktivitäten, insbesondere der Interaktion mit den Auftraggeber:innen, und der internen Kommunikation, u. a. zwischen Projektteam und Projektcontrolling.

4.1   Vor-Gründungsphase

Am Anfang jeder Gründung steht eine gute Idee! Im Falle einer studentischen Unternehmensberatung kommt sie oftmals aus der Studierendenschaft selbst. Nämlich die, eine studentische Unternehmensberatung an der Hochschule zu etablieren. In dieser Vor-Gründungsphase ist der erste und vielleicht wichtigste Schritt auf dem Weg zur Gründung die Bildung eines schlagkräftigen Gründungsteams.

WER? Ein Gründungsteam ist in der Regel interdisziplinär zusammengesetzt, um verschiedene Perspektiven und Fähigkeiten zu integrieren, die für die Gründung und den Betrieb einer solchen Beratung notwendig sind. Idealerweise sollte das Gründungsteam aus fünf bis acht Mitgliedern bestehen, die verschiedene Fachbereiche wie Wirtschaftswissenschaften, Ingenieurwesen, Informatik und möglicherweise auch Rechts- und Geisteswissenschaften repräsentieren. Wichtig ist es, die Aufgaben im Gründungsteam zu verteilen.

WO? Die Gründung einer studentischen Unternehmensberatung erfolgt idealerweise im Hochschul-Umfeld, wo die Studierenden leichten Zugang zu Ressourcen wie Mentoren, fachlichem Know-how, Räumlichkeiten und möglicherweise auch finanzieller Unterstützung erhalten.

WIE? Die Gründungsphase ist typischerweise sehr arbeitsintensiv und erfordert von den Teammitgliedern ein hohes Maß an Engagement und die Bereitschaft,

Zeit und Mühe zu investieren. Zur Unterstützung des Gründungsteams ist es ratsam, sich aktiv an die Hochschulverwaltung sowie an Professor:innen zu wenden. Diese können in vielfältiger Weise zur erfolgreichen Gründung einer studentischen Unternehmensberatung beitragen:

- Die **Hochschulverwaltung** kann administrative Unterstützung bieten, u. a. durch den Zugang zu hochschulinternen Ressourcen und Bereitstellung von Räumlichkeiten für Treffen und Veranstaltungen. Sie kann helfen, wichtige Kontakte zu knüpfen, beispielsweise zu anderen Initiativen oder zu potenziellen Sponsoren innerhalb und außerhalb der Hochschule.
- **Professor:innen** können das Gründungsteam durch fachliche Beratung und Mentoring unterstützen. Ihre Erfahrung und ihr Netzwerk können besonders wertvoll sein, um fachliche Tiefe in das Beratungsangebot zu bringen oder Kontakte zu Wirtschaftsvertreter:innen herzustellen. Professor:innen können zudem als akademische Paten fungieren, die die Glaubwürdigkeit und das Ansehen der Unternehmensberatung innerhalb und außerhalb der Hochschule stärken.
- Weitere Ansprechpartner sind **andere studentische Unternehmensberatungen** und die beiden großen **deutschen Dachverbände** Bund Deutscher Studentischer Unternehmensberatungen (BDSU) und das Junior Consulting Network (JCNetwork) durch ihr etabliertes Netzwerk und eine Fülle an spezialisierten Ressourcen.

WAS? Das Business Model Canvas von Osterwalder/Pigneur (2010) ist ein hervorragendes Werkzeug zur Visualisierung von Geschäftsmodellen und lässt sich – leicht abgewandelt – auf studentische Unternehmensberatungen adaptieren. Das „Student Consultancy Canvas" (SCC) dient nicht nur dazu, die Struktur der geplanten Unternehmensberatung zu definieren, sondern fungiert auch als Kommunikationsmittel gegenüber Hochschule, Professor:innen und weiterer Mitgliedern.

Student Consultancy Canvas (SCC) – Ein Überblick
(1) Vision und Mission
Dieser Baustein definiert den übergeordneten Zweck und die langfristigen Ziele der studentischen Unternehmensberatung.

Tipp Artikulieren Sie eine klare und inspirierende Vision, die darlegt, was Ihre studentische Unternehmensberatung erreichen möchte und warum sie

existiert. Die Mission sollte darlegen, wie Ihre studentische Unternehmensberatung ihre Ziele erreichen will und welche Werte sie vertritt.

(2) Kernkompetenzen

Die Kernkompetenzen identifizieren die einzigartigen Fähigkeiten und
Wissensgebiete, die das Team einbringt (und in Zukunft einbringen wird).

Tipp Listen Sie spezifische Fähigkeiten und Expertisen auf, die das Gründungsteam besitzt, und erklären Sie, wie diese zur Einzigartigkeit und zum
Wettbewerbsvorteil Ihrer studentischen Unternehmensberatung beitragen.

(3) Kundensegmentierung

Mit der Kundensegmentierung werden Zielmarkt und Zielgruppen der
studentischen Unternehmensberatung definiert.

Tipp Identifizieren Sie die spezifischen Gruppen und Industrien, die Ihre
Dienstleistungen in Anspruch nehmen könnten.

(4) Wertangebot

Das Wertangebot definiert, welchen einzigartigen Wert die studentische
Unternehmensberatung extern ihren Kunden und intern ihren (potenziellen)
Mitgliedern bietet.

Tipp Definieren Sie klar, welchen Nutzen und welche Lösungen Ihre
studentische Unternehmensberatung spezifisch für Ihre Zielkunden und
Mitglieder bereitstellt und wie sie sich dadurch von anderen studentischen
Beratungen und Initiativen abhebt.

(5) Kundenbeziehungen

Dieser Baustein beschreibt, wie die studentische Unternehmensberatung
mit ihren Auftraggeber:innen interagiert sowie wie sie Beziehungen zu
ihren Kund:innen aufbauen und pflegen will.

Tipp Überlegen Sie, welche Methoden und Kommunikationswege (incl.
Social Media, Internet, Newsletter etc.) Sie nutzen werden, um dauerhafte
und positive Beziehungen zu Ihren Kund:innen zu etablieren.

(6) Organisationsstruktur

Unter diesem Punkt wird geklärt, wie die studentische Unternehmensberatung intern organisiert ist. Die Einteilung erfolgt in (Führungs-)Gremien
und (Fach-/Funktions-)Abteilungen.

Tipp Skizzieren Sie die organisatorische Struktur Ihrer studentischen Unternehmensberatung, einschließlich spezieller Rollen und Verantwortlichkeiten wie Vorstand, Quality Management, Human Resources, Marketing und IT.

(7) Kernprozesse
Die Kernprozesse definieren die Schlüsselaktivitäten, die notwendig sind, um die Dienstleistungen effektiv zu erbringen, von der Projektakquisition über den erfolgreichen Abschluss bis zur Wissenserhaltung.

Tipp Skizzieren Sie jeden identifizierten Prozess und beschreiben Sie die spezifischen Schritte, die in jedem Prozess ausgeführt werden müssen.

(8) Finanzielles Modell
Der Baustein erklärt, wie die studentische Unternehmensberatung finanziert wird und welche Kostenstrukturen vorliegen.

Tipp Beschreiben Sie Ihr Finanzierungsmodell, inklusive möglicher Mitgliedsbeiträge, Sponsoring und Honorare für Projekte. Erstellen Sie einen Überblick über die erwarteten Einnahmen und Ausgaben.

Das SCC gibt einen ersten Überblick über die Kernaspekte in der Initialphase einer studentischen Unternehmensberatung. Es dient als Grundlage zur Diskussion im Gründungsteam und zur Kommunikation mit Hochschulverwaltung, Professor:innen und (potenziellen) Mitgliedern. Gleichzeitig gilt: Ein einmal formuliertes SCC ist nicht in Stein gemeißelt, sondern bleibt – gerade für erfolgreiche studentischen Unternehmensberatungen – work-in-progress mit ständigen Anpassungen und Fine-Tuning.

Im weiteren Verlauf dieses Abschnitts werden zentrale Elemente des Modells ausführlich erörtert.

4.2 Gründungsphase

Die Gründungsphase ist ein kritischer Zeitraum, in der wichtige Weichen für die Zukunft gestellt werden. Das SCC dient dabei als (Diskussions-)Grundlage. Jetzt geht es darum, die Bausteine zu konkretisieren und zu definieren. Folgende Übersicht beschreibt die vier wesentlichen Punkte, die in der Gründungsphase zu beachten sind.

(1) Organisatorische Grundlagen schaffen
Die Schaffung einer soliden organisatorischen Basis umfasst die Klärung von Strukturen und rechtlichen Grundlagen. Dazu gehört die Entscheidung über die passende Rechtsform, die Standortwahl, die sowohl die Verfügbarkeit von Räumlichkeiten als auch die Nähe zu kooperierenden Institutionen betrifft, und die Namensfindung.

(2) Organisationsaufbau festlegen
Effektive Strukturen innerhalb der Organisation sind essenziell. Es gilt, Abteilungen wie Human Resources, Marketing und IT klar zu definieren und ein Vorstandsteam zu etablieren, das die Richtung vorgibt. Zusätzliche Gremien wie ein Aufsichtsrat oder Alumni-Vertretungen können Governance- und Netzwerkunterstützung bieten.

(3) Beratungs- und Dienstleistungsangebot definieren
Das Dienstleistungsangebot sollte die Stärken und Interessen des Teams widerspiegeln und auf die Bedürfnisse des Marktes abgestimmt sein. Die Ausarbeitung des Portfolios muss sowohl die operativen Tätigkeiten als auch strategische Beratungsleistungen einschließen und klar kommunizieren, welchen Mehrwert die Unternehmensberatung bietet.

(4) Corporate Identity bestimmen
Eine prägnante Corporate Identity schafft einen Wiedererkennungswert und transportiert die Mission und Werte der Organisation sowohl nach außen als auch nach innen. Dies beinhaltet die Entwicklung eines visuellen Erscheinungsbildes, einschließlich Logo, Farben und Designvorlagen, die auf allen Kommunikationskanälen konsistent verwendet werden.

Zwei weitere Punkte, die ebenfalls wichtig sind, aber hier nur kurz genannt werden, sind:

Der Aufbau eines Unterstützungsnetzwerks
Ein robustes Netzwerk von Partner:innen und Unterstützer:innen ist entscheidend für den langfristigen Erfolg. Dazu zählt die Vernetzung mit etablierten studentischen Unternehmensberatungen, relevanten Verbänden, potenziellen Auftraggeber:innen und Sponsoren sowie die strategische Zusammenarbeit mit der Hochschule und Organisationen.

Die Planung der materiellen und finanziellen Ressourcen
Eine sorgfältige Planung der materiellen und finanziellen Ressourcen ist erforderlich, um die Nachhaltigkeit der Unternehmensberatung zu sichern. Dies schließt

ein klares Budget, die Planung von Finanzierungsquellen wie Mitgliedsbeiträgen, Sponsoring oder Servicegebühren sowie die Beschaffung von Arbeitsmaterialien und Technologien ein.

4.2.1 Organisatorische Grundlagen

Bestimmte strukturelle und juristische Rahmenbedingungen sind Voraussetzung für die Entwicklung tragfähiger organisatorischer Grundlagen. Dazu zählen die Rechtsform, die Standortwahl und die Namensfindung.

Rechtsform
In der Praxis studentischer Unternehmensberatungen haben sich diverse Rechtsformen als tragfähig erwiesen. Die gängigste ist die des eingetragenen Vereins (e. V.). Neben dem e. V. kommen auch Kapitalgesellschaften wie die GmbH oder UG infrage, teilweise in Kombination mit einem Verein. Grundsätzlich gilt: Bei der Auswahl der Rechtsform müssen haftungsrechtliche Vorteile (insbesondere Minimierung des finanziellen Risikos für die Inhaber:innen, Mitglieder oder Investor:innen einer Organisation) und Einfluss auf die Außenwahrnehmung (in Richtung Glaubwürdigkeit und Vertrauen externe Stakeholder, wie Kund:innen, Partner:innen und Sponsoren, in die Organisation) bedacht werden.

Tipp Für die Gründung einer studentischen Unternehmensberatung ist die Form des e. V. ratsam.

Vor- und Nachteile des eingetragenen Vereins (e. V.)
Vorteile sind u. a., dass (1) Mitglieder und Vorstand nicht persönlich haftbar sind, es haftet nur das Vereinsvermögen; (2) der Verein als juristische Person Verträge abschließen und klagen kann; (3) die Möglichkeit zur Beantragung der Gemeinnützigkeit besteht, was steuerliche Vorteile bringen kann; (4) die Gründungskosten gering sind. Dagegen steht, dass (1) formale Gründungsanforderungen wie Zahl der Gründungsmitglieder, Satzungserstellung und Vorstandswahl bestehen; (2) wirtschaftliche Aktivitäten nur unterstützenden Charakter haben dürfen; (3) Änderungen in der Satzung

oder beim Vorstand formal registriert werden müssen; (4) eine Kontrolle durch das Finanzamt, besonders bei angestrebter Gemeinnützigkeit, erfolgt.

Standortwahl

Die Wahl des Standorts – also des offiziellen Sitzes der studentischen Unternehmensberatung – ist eigentlich ein No-Brainer. Bei der Wahl sollten folgende Faktoren berücksichtigt werden: Ideal ist ein Standort, der eine enge Anbindung an das Ökosystem Hochschule bietet, da dies den Zugang zu akademischen Ressourcen, potenziellen Kunden aus dem Universitätsumfeld und möglichen Kooperationen erleichtert. Zudem ist die Nähe zu anderen studentischen Initiativen und Wirtschaftsunternehmen vorteilhaft, um Netzwerke leichter aufbauen und pflegen zu können. Es ist auch wichtig, dass der Standort für alle Teammitglieder gut erreichbar ist. Dies kann die Effizienz der Zusammenarbeit erhöhen und die Teilnahme an spontanen Meetings oder Arbeitsgruppen erleichtern. Mit anderen Worten: Die Hochschule selbst ist in den allermeisten Fällen der beste Standort, zumal dort in der Regel kostenlos Räumlichkeiten zur Verfügung stehen und die gute Anbindung an Professor:innen gewährleistet ist. Ein Wechsel des Standorts, beispielsweise in Co-Working-Spaces oder externe Büroflächen, sollte erst dann in Betracht gezogen werden, wenn die Beratung stark wächst und sich professionalisiert.

Namensgebung

Das „Kind" braucht einen Namen. Und das kann mitunter schwierig sein! Bei der Wahl des Namens für eine studentische Unternehmensberatung sind mehrere Faktoren relevant:

Aus rechtlicher Sicht darf der Name keine geschützten Markennamen oder eingetragenen Handelsmarken verletzen. Eine gründliche Recherche ist notwendig, um sicherzustellen, dass der gewählte Name keine bestehenden Markenrechte verletzt. Dies kann durch eine Suche im Markenregister beim Deutschen Patent- und Markenamt (DPMA) erfolgen. Falls die studentische Unternehmensberatung als eingetragener Verein oder eine andere Form des Handelsgewerbes geführt wird, muss der Name so gewählt werden, dass er von anderen bereits im Handelsregister eingetragenen Namen unterscheidbar ist. Außerdem darf der Name nicht irreführend sein in Bezug auf die Art der Geschäftstätigkeit oder die Größe der Organisation. Das heißt: Der Name soll ein realistisches Bild der Unternehmung vermitteln. Wenn die studentische Unternehmensberatung als Verein registriert wird, muss der Name den Zusatz „e. V." enthalten, sobald er im Vereinsregister eingetragen ist.

Außerdem spielen bei der Namensgebung auch emotionale und praktische Überlegungen eine Rolle. Bezogen auf Relevanz und Identität sollte der Name die Kernmission und die spezialisierten Dienstleistungen der Beratung reflektieren. Er sollte eng mit den Zielen und der Vision der Organisation verbunden sein und diese klären. Gleichzeitig sollte der Name – Stichwort Einprägsamkeit und Aussprechbarkeit – leicht im Gedächtnis bleiben und gut kommunizierbar sein. Um ungewollte Verwechslungen mit anderen Organisationen zu vermeiden, sollte der Name einzigartig sein. Dies hilft auch bei der rechtlichen Absicherung, falls der Name geschützt oder als Marke eingetragen werden soll. Zudem sollte der Name eine gewisse Professionalität ausstrahlen und Vertrauen bei Klient:innen und Partner:innen wecken. Keinesfalls sollte der Name kulturell unangemessen sein und negative Konnotationen wecken. Aus rein praktischen Erwägungen ist es zudem ratsam zu überprüfen, ob der gewählte Name bereits online verwendet wird und ob die entsprechende Domain verfügbar ist.

4.2.2 Organisationsaufbau und Abteilungsbildung

Die Festlegung der Organisationsstruktur ist ein entscheidender Schritt beim Aufbau einer studentischen Unternehmensberatung. Es ist wichtig, klare Verantwortlichkeiten und Strukturen zu schaffen, um Effizienz und Professionalität zu gewährleisten. Dazu gehört in erster Linie die Bildung von Kernabteilungen wie Human Resources (HR), Business Development (BD), Quality Management (QM), Marketing und Information Technology (IT). Alle Namen werden hier in englischer Sprache angegeben. Natürlich können auch die deutschen Begriffe verwendet werden.

Außerdem sollten die Zuständigkeiten zwischen den Abteilungen und in Bezug auf Vorstandsteam und andere Kontrollgremien festgelegt werden. Dabei gilt: Es gibt kein „One-Fits-All". Studentische Unternehmensberatungen müssen die Aufteilung der Abteilungen und deren Zuständigkeiten auf ihre jeweiligen Bedürfnisse zuschneiden. Wichtig dabei ist, dass die Abteilungen extern möglichst heterogen, intern möglichst homogen aufgestellt sind.

Tipp Ein Organigramm – also die grafische Darstellung der Organisationsstruktur – schafft einen schnellen und guten Überblick über den Aufbau. Eine Abteilungsbeschreibung (incl. Todo-Liste) schafft zudem Klarheit über die Aufgaben, Verantwortlichkeiten und Kompetenzen der Bereiche.

Im Folgenden werden verschiedene Gremien und Abteilungen kurz dargestellt.

(1) Board/Management Team

Das Leitungsteam einer studentischen Unternehmensberatung stellt das höchste Führungsgremium dar und ist für die strategische Richtung, die operative Leitung und die Repräsentation der Organisation entscheidend. Üblicherweise splittet der Vorstand seine Zuständigkeit in die Bereiche Internal, External sowie Finance & Law, um eine fokussierte und dennoch ganzheitliche Führung sicherzustellen, die den Anforderungen einer professionellen Beratungsumgebung gerecht wird.

Vorstand Internal Der Vorstand Internal kümmert sich vorrangig um die interne Organisation und das Ressourcenmanagement. Dies umfasst die Koordination bereichsübergreifender Meetings und die Organisation von Veranstaltungen, die die gesamte Organisation betreffen. Er/sie gewährleistet den reibungslosen Informationsfluss innerhalb der Beratung und überwacht in der Regel die Abteilungen Human Resources, Quality Management und Information Technology.

Vorstand External Der Vorstand External fokussiert sich auf die Außenbeziehungen und das öffentliche Erscheinungsbild der Beratung. Er/sie leitet die Geschäftsentwicklung und trägt maßgeblich zur Kunden- und Partnerakquise sowie zur Projektgewinnung bei. Unter seiner/ihrer Aufsicht fallen in der Regel die Bereiche Business Development und Marketing.

Vorstand Finance & Law Dieses Vorstandsmitglied verantwortet die finanzielle und rechtliche Steuerung der Beratung. Er/sie schützt die Organisation vor finanziellen Risiken und rechtlichen Problemen und sichert eine nachhaltige finanzielle Führung. Zu seinem/ihrem Verantwortungsbereich gehört typischerweise die Abteilung Finance & Law.

(2) Weitere Gremien

Zusätzlich können weitere Gremien aufgebaut werden, um die Governance-Strukturen zu stärken, das Netzwerk zu erweitern und die Servicequalität zu verbessern. Wie sinnhaft die Einführung weiterer Gremien ist, mag jede studentische Unternehmensberatung für sich entscheiden:

Aufsichtsrat Ein Aufsichtsrat kann eingerichtet werden, um die strategische Ausrichtung und die Überwachung der Geschäftsführung zu unterstützen. Er kann aus Alumni, Professor:innen oder externen Wirtschaftsexpert:innen bestehen und dient als beratendes Organ.

Alumni-Vereinigung Die Einrichtung eines Gremiums, das sich speziell mit Alumni-Angelegenheiten befasst, kann die Bindung ehemaliger Mitglieder an die Beratung stärken und eine wichtige Ressource für Networking und professionelle Unterstützung bieten. Daneben kann die Vereinigung bei aktuellen Themen zu Rate gezogen werden. Hierbei kann das immaterielle Wissen der „alten Hasen" genutzt werden.

Datenschutzbeauftragte:r Die Einrichtung einer/eines Datenschutzbeauftragten ist entscheidend, um die Einhaltung der Datenschutzgesetze und -richtlinien sicherzustellen. Diese Position ist besonders wichtig in einer Umgebung, in der persönliche Daten von Mitgliedern und Klienten häufig verarbeitet werden. Der/die Datenschutzbeauftragte überwacht die korrekte Anwendung der Datenschutzbestimmungen innerhalb der Beratung, berät bei der Implementierung von Datenschutzmaßnahmen und ist die zentrale Anlaufstelle für alle datenschutzrelevanten Fragen. Diese Rolle trägt dazu bei, das Vertrauen der Mitglieder und Kund:innen in die Integrität der Beratung zu stärken und schützt die Organisation vor möglichen rechtlichen Herausforderungen.

Ethikkomitee Um ethischen Standards und professionellen Richtlinien gerecht zu werden, kann ein Ethikkomitee hilfreich sein. Dieses Gremium könnte sich mit Fragen der Integrität, der Verantwortung gegenüber der Gemeinschaft und der Einhaltung ethischer Richtlinien befassen.

Innovationsrat Ein Innovationsrat könnte sich mit der Entwicklung neuer Dienstleistungen und der Integration neuer Technologien befassen. Dieses Gremium könnte dazu beitragen, die Beratung an der Spitze von Innovationen zu halten und auf Markttrends zu reagieren.

Qualitäts- und Leistungsausschluss Dieser könnte sich darauf konzentrieren, die Qualität der Beratungsdienste kontinuierlich zu verbessern und die Leistung der Beratung zu überwachen. Der Ausschuss könnte regelmäßige Bewertungen durchführen und Empfehlungen zur Leistungssteigerung abgeben.

(3) Human Resources (HR)

Dieser Bereich ist entscheidend für den Erfolg und die langfristige Entwicklung studentischer Unternehmensberatungen. HR ist verantwortlich für die internen Prozesse der Mitgliederentwicklung und die externe Mitgliederakquise sowie das Onboarding.

Mitgliedergewinnung und Onboarding HR arbeitet eng mit dem Marketing zusammen, um effektive Strategien zur Mitgliedergewinnung zu entwickeln. Durch strukturierte Auswahlverfahren, wie Interviews oder Assessment-Center, sichert HR die Qualität der neuen Mitglieder. In Kooperation mit dem Quality Management (QM) wird eine schnelle und effiziente Einarbeitung neuer Mitglieder gewährleistet, wobei QM die Qualitätsstandards überwacht und HR das Gemeinschaftsgefühl stärkt.

Mitgliederbindung und -entwicklung HR entwickelt Ressourcen und Systeme, um die Weiterentwicklung der Mitglieder zu fördern und quasi ein internes Karrieresystem zu etablieren. Strategien zur Mitgliederbindung sind essenziell, um Fluktuation zu minimieren und ein möglichst langfristiges Engagement zu sichern. Dies wird durch regelmäßige Mitgliederbefragungen, Analysen und gemeinsame soziale Aktivitäten unterstützt, die sowohl die Kultur als auch zwischenmenschliche Beziehungen innerhalb der Organisation stärken.

(4) Business Development (BD)

Die Abteilung Business Development (BD) ist entscheidend für die strategische und operative Ausrichtung einer studentischen Unternehmensberatung. Ihre Kernfunktionen umfassen die Akquise von Projekten und die Entwicklung von Unternehmenspartnerschaften.

Projektaquise Die Abteilung entwickelt und implementiert Strategien zur Kundengewinnung, einschließlich Kaltakquise, der Nutzung universitärer und studentischer Netzwerke sowie der Teilnahme an Netzwerkveranstaltungen. Sie erstellt maßgeschneiderte Angebote, die auf die Bedürfnisse potenzieller Kund:innen abgestimmt sind und dabei die Kompetenzen der Beratung und die Verfügbarkeit der studentischen Berater:innen einbezieht.

Unternehmenspartnerschaften Das BD baut strategische Partnerschaften mit Unternehmen auf und pflegt diese, da die Unternehmen nicht nur Kunden sind, sondern auch als Mentoren, Sponsoren oder langfristige Unterstützer fungieren können. Diese Beziehungen können zu gemeinsamen Projekten führen, darunter Forschungsvorhaben, Workshops, Vorträge und andere Veranstaltungen.

(5) Quality Management (QM)

Die Abteilung Quality Management in einer studentischen Unternehmensberatung stellt die Einhaltung und kontinuierliche Verbesserung der Qualitätsstandards sicher. Diese Abteilung entwickelt, implementiert und überwacht Qualitätsricht-linien, die alle Kernprozesse wie Projektmanagement und Kundeninteraktionen umfassen. Zudem führt sie regelmäßige Audits und Bewertungen durch, um die Dienstleistungsqualität zu gewährleisten.

Entwicklung und Implementierung von Qualitätsstandards Ein zentraler Aspekt der Tätigkeit von QM ist die Durchführung von Schulungen zur Sicher-stellung der Qualitätsstandards und die Einarbeitung neuer Berater:innen durch systematische Onboarding-Verfahren. Des Weiteren ist die Abteilung für die Eta-blierung eines effektiven Dokumentenmanagements verantwortlich, das wichtige Dokumente und Lerninhalte aus Beratungsprojekten sichert und für alle Mitglieder zugänglich macht.

Wissenstransfer und Fluktuationsmanagement Das QM spielt auch eine Schlüs-selrolle im Wissenstransfer und Fluktuationsmanagement. Es sorgt dafür, dass wertvolles Know-how innerhalb der Organisation erhalten bleibt und effektiv an neue Mitglieder weitergegeben wird. Dazu nutzt die Abteilung moderne Tools und Plattformen, um kontinuierlich den Wissensaustausch zu fördern und die Qualität der Beratungsarbeit zu verbessern.

(6) Finance & Law (F&L)
Finance & Law gliedert sich in die beiden Bereiche Finanz- und Rechtsmanagement. Die beiden Bereiche werden in der Regel aufgrund der Überschneidungen in einer Abteilung gebündelt:

Finanzmanagement Dieser Teilbereich gewährleistet die finanzielle Stabilität der studentischen Unternehmensberatung. Sie ist verantwortlich für die Erstellung und Überwachung der Finanzplanung, was eine genaue Buchführung und Kontrolle der Einnahmen, Ausgaben sowie des Vermögens umfasst. Der Zugriff auf die Konten ist in der Regel den Vorstandsmitgliedern vorbehalten. Die Jahresabschluss-prüfung wird durch externe Kassenprüfer:innen durchgeführt, um die finanzielle Transparenz zu sichern und den möglichen Vorgaben der gewählten Rechtsform zu entsprechen.

Rechtsmanagement Dieser Teilbereich sorgt für die rechtliche Integrität und Compliance der Organisation. Sie stellt sicher, dass alle Vertragsvorlagen, wie Dienstleistungsverträge oder Non Disclosure Argeements (NDAs), den aktuellen rechtlichen Anforderungen entsprechen. Dies beinhaltet auch die Benennung und

Unterstützung der Rolle Datenschutzbeauftragte:r, die für die Einhaltung der Datenschutzgrundverordnung (DSGVO) verantwortlich ist. Zusätzlich unterstützt das Rechtsmanagement den Vorstand bei der Meldung von Änderungen an das Vereins- oder Handelsregister, abhängig von der Rechtsform der Organisation.

(7) Marketing

Die Marketingabteilung ist entscheidend für die Außendarstellung und Rekrutierung von Mitgliedern. Aufgrund der natürlichen Fluktuation ist es essenziell, kontinuierlich neue Mitglieder zu gewinnen, um die Leistung und Zukunft der Beratung zu sichern. Marketing zielt darauf ab, sowohl potenzielle Auftraggeber:innen und Studierende anzusprechen.

Marken- und Reputationsmanagement Die Abteilung entwickelt eine Markenidentität, die die Werte und Vision der Beratung nach außen und innen vermittelt. Die Reputation wird durch aktive Öffentlichkeitsarbeit, einschließlich Social Media, Webseite und Vorlesungsbesuche, gefördert, um die Sichtbarkeit bei potenziellen Kund:innen und Studierenden zu erhöhen.

Werbung, Promotion und digitales Marketing Die Marketingstrategien umfassen zielgruppenspezifische Werbekampagnen und die Pflege von Social-Media-Kanälen und Webseiten mit relevanten Inhalten. Zusätzlich sind Veranstaltungen wie Info-Sessions, Workshops und Messeauftritte effektiv, um direkt mit potenziellen neuen Mitgliedern in Kontakt zu treten.

(8) Information Technology (IT)

Die Abteilung für Informationstechnik ist verantwortlich für den Aufbau, die Verwaltung und den reibungslosen Betrieb der technologischen Infrastruktur innerhalb der studentischen Unternehmensberatung. Diese Abteilung gewährleistet die Datensicherheit und unterstützt alle anderen Abteilungen technologisch.

Systemmanagement Die primären Aufgaben der IT-Abteilung umfassen den Aufbau und die Wartung der IT-Infrastruktur sowie deren kontinuierliche Verbesserung. Sie bietet technischen Support, um sicherzustellen, dass technische Probleme rasch gelöst werden und die Arbeit flüssig weiterlaufen kann. Außerdem ist die IT für die Integration verschiedener Systeme und Plattformen zuständig.

Informationsmanagement & Softwareanwendung In Zusammenarbeit mit dem QM ist die IT verantwortlich für die Auswahl und Implementierung geeigneter Softwarelösungen, wie CRM-Tools, Wiki-Lösungen oder Kommunikationsplattformen.

Sie verwaltet auch die Datenhaltung, um eine effiziente Speicherung und Analyse der Daten zu ermöglichen. Ferner ist sie für die Wartung und Aktualisierung der Webseite zuständig, um deren Funktionalität, Sicherheit und Benutzerfreundlichkeit zu gewährleisten.

Tipp Die Vielzahl der Gremien und Abteilungen, die hier nur kurz skizziert wurden, setzen eine gewisse Mitgliederdichte voraus, die bei den meisten studentischen Unternehmensberatungen zumindest nicht von Beginn an gegeben ist. Entsprechend sollte sich eine in der Gründung befindliche Beratung sehr genau überlegen, welche Gremien und Abteilungen im gegenwärtigen organisatorischen Lebenszyklus wirklich wichtig und notwendig sind. Alternativ können zu Beginn die Abteilungen gebündelt werden, sodass die Aufgaben zentral bearbeitet werden. Mit zunehmender Größe der studentischen Unternehmensberatung wird auch eine zunehmende Ausdifferenzierung der Aufgaben, Kompetenzen und Verantwortungen erforderlich.

4.2.3 Beratungs- und Dienstleistungsangebot

Im Beratungs- und Dienstleistungsangebot wird das Konzept der studentischen Unternehmensberatung dargelegt. Ausgangspunkt für alle weiteren Überlegungen sind einmal mehr das SCC.

Bei der Angebotsauswahl spielen mehrere wichtige Überlegungen eine Rolle:

(1) Teamkompetenzen und -interessen
Die Fähigkeiten und das Fachwissen des Teams sind entscheidend. Das Angebot sollte die Stärken und Spezialisierungen der Teammitglieder widerspiegeln, um authentische und kompetente Dienstleistungen anbieten zu können.

(2) Marktbedürfnisse
Es ist wichtig, die Bedürfnisse und Herausforderungen potenzieller Kunden zu verstehen. Marktforschung und Feedback von Zielgruppen können dabei helfen, relevante Dienstleistungen zu entwickeln, die auf die spezifischen Anforderungen des Marktes abgestimmt sind.

(3) Wettbewerbsanalyse
Ein Überblick über ähnliche Angebote von konkurrierenden Organisationen kann dazu beitragen, eine Nische zu identifizieren oder das eigene Angebot so zu gestalten, dass es sich von anderen abhebt.

(4) Skalierbarkeit und Anpassungsfähigkeit
Das Dienstleistungsangebot sollte so gestaltet sein, dass es sich leicht an veränderte Marktbedingungen und wachsende Fähigkeiten des Teams anpassen lässt.

(5) Finanzielle Tragfähigkeit
Die angebotenen Dienstleistungen müssen finanziell tragbar sein. Es ist wichtig, eine Kosten-Nutzen-Analyse durchzuführen, um sicherzustellen, dass die Beratung nicht nur die Kosten decken kann, sondern auch eine nachhaltige Finanzstrategie verfolgt.

Das Beratungs- und Dienstleistungsangebot einer studentischen Unternehmensberatung kann eine Vielzahl von Bereichen, Themen und Industrien abdecken. Wichtig ist in diesem Zusammenhang deshalb vor allem die Frage nach Breite und Tiefe des Angebots.

Vor- und Nachteile eines breiten Angebots
Ein breites Dienstleistungsangebot kann (1) eine vielfältigere Kundschaft ansprechen, was die Marktchancen und das Umsatzpotenzial erhöht; (2) eine Reaktion auf unterschiedliche Marktanforderungen und eine Anpassung der Dienste je nach Nachfrage erleichtern; (3) das Risiko minimieren, das entsteht, wenn sich bestimmte Marktsegmente als unprofitabel erweisen oder Nachfrageschwankungen unterliegen. Dagegen besteht die Gefahr, dass (1) das Verwalten eines breiten Angebots logistisch komplizierter und ressourcenintensiver sein kann; (2) eine klare Markenidentität schwer zu kommunizieren und aufrechtzuerhalten ist; (3) die Dienstleistungen nicht die Tiefe und Expertise bieten, die bei spezialisierten Anbietern gefunden werden kann.

Vor- und Nachteile eines spezialisierten Angebots
Ein spezialisierter Ansatz hat zur Folge, dass (1) tiefgreifendes Wissen und hohe Kompetenz in einem bestimmten Bereich entwickelt werden kann, was die Qualität der Dienstleistung steigert; (2) das Branding und die Positionierung als Experte in einem bestimmten Bereich leichter möglich ist; (3) sich die studentische Beratung von der breiten Masse abhebt und in einer Nische dominiert. Nachteilig ist dagegen, dass (1) die Dienstleistungen für einen kleineren Kundenkreis relevant sind, was das Wachstumspotenzial begrenzt; (2) die Beratungen von möglichen negativen

Entwicklungen in spezifischen Industrien oder Sektoren stärker betroffen sind; (3) ein eng fokussiertes Angebot es erschwert, sich schnell an veränderte Marktbedingungen anzupassen.

Zur Bestimmung des Beratungs- und Dienstleistungsangebots sind folgende Schritte wichtig:

(1) Marktanalyse und Bedarfsermittlung Die Analyse der Kundenbedürfnisse und Branchentrends hilft, die Nachfrage nach spezifischen Dienstleistungen zu identifizieren und zu verstehen.

Tipp Nutzen Sie Methoden wie die SWOT-Analyse (zur Ermittlung der Stärken, Schwächen, Chancen und Risiken, um die Marktposition zu verstehen), die PESTEL-Analyse (zur Bewertung der makroökonomischen Faktoren, die das Marktumfeld beeinflussen) und Marktforschungstools wie Online-Umfragen und Fokusgruppen (um durch Feedback die Bedürfnisse potenzieller Kund:innen zu verstehen).

(2) Kompetenzanalyse Eine Bewertung der Fähigkeiten und Kenntnisse des Teams ist erforderlich, um die Stärken zu identifizieren, die genutzt werden können, um einen Wettbewerbsvorteil zu erlangen.

Tipp Nutzen Sie die Skills Matrix zur Visualisierung der Fähigkeiten und Expertisen im Team und zur Identifikation möglicher Lücken.

(3) Strategische Positionierung Basierend auf den internen Kompetenzen und den Ergebnissen der Marktanalyse wird entschieden, ob ein breites Dienstleistungsangebot oder eine Spezialisierung auf bestimmte Nischen verfolgt wird.

Tipp Nutzen Sie ein Benchmarking, um die Leistung der eigenen studentischen Bratung mit der Leistung der besten Wettbewerber zu vergleichen.

(4) Dienstleistungsdefinition Die spezifischen Beratungs- und Dienstleistungen, die angeboten werden sollen, müssen genau definiert werden. Dazu gehört auch die Entwicklung von Dienstleistungspaketen und individualisierten Angeboten.

Tipp Nutzen Sie agile Projektmanagement-Tools zur iterativen Entwicklung und Anpassung Ihrer Dienstleistungen.

(5) Feedback und Iteration Feedback von potenziellen Kund:innen, Mentor:innen und akademischen Einrichtungen wird eingeholt, um das Dienstleistungsangebot vor der endgültigen Festlegung zu optimieren.

Tipp Nutzen Sie die Methode des Prototyping für die schnelle Entwicklung von Demonstratoren, die iterativ angepasst werden.

(6) Ressourcenplanung Es muss sichergestellt werden, dass ausreichend Ressourcen wie Personal, Technologie und Fachwissen zur Verfügung stehen, um die geplanten Dienstleistungen in hoher Qualität anbieten zu können.

Tipp Nutzen Sie Ressourcenmanagement-Software (zur Planung und Zuweisung von Personal- und anderen Ressourcen) und Budgetierungs-/Finanzplanungstools (zur Überwachung und Verwaltung von Budgets).

Am Ende des Schritts Beratungs- und Dienstleistungsangebot steht die sorgfältige Ausarbeitung des Angebots in Form einer Präsentation. Die Folien müssen klar den Mehrwert kommunizieren, den die studentische Unternehmensberatung ihren Kund:innen bietet. Dabei ist es wichtig, transparent zu machen, wie diese speziellen Dienste zur Lösung konkreter Probleme beitragen können und welchen einzigartigen Beitrag die Beratung zur Zielerreichung ihrer Kund:innen leistet. Zusätzlich sollte das Angebot flexibel genug sein, um sich an verändernde Marktbedingungen oder neue Herausforderungen anzupassen, die während der Lebensdauer der Beratung auftreten können. Durch die intelligente Kombination aus tiefgreifendem Fachwissen und praktischer Anwendungserfahrung wird so sichergestellt, dass die studentische Unternehmensberatung eine wertvolle Ressource für ihre Kund:innen bleibt.

4.2.4 Corporate Identity

Die Corporate Identity (CI) einer studentischen Unternehmensberatung umfasst die gesamte visuelle und kommunikative Identität und ist entscheidend für die Außenwahrnehmung der Organisation. Sie hilft, die Werte, die Professionalität und die angebotenen Dienstleistungen einheitlich und überzeugend darzustellen. Dabei sind folgende Schritte zu beachten:

(1) Konzeption

In der Anfangsphase der CI-Erstellung arbeiten idealweise alle Gründungsmitglieder zusammen, um die Kernaspekte der Beratung wie Grundwerte, Mission und die angestrebten Märkte zu definieren. Diese Aspekte werden in kreativen Sitzungen diskutiert und festgelegt, um eine zielgerichtete CI zu formen.

(2) Strategische Zielsetzung

Die strategische Ausrichtung CI beinhaltet die präzise Definition der kommunikativen Ziele, die sowohl die internen als auch externen Kommunikationsbedürfnisse unterstützen. Diese dienen als Basis für alle Design- und Kommunikationsmaßnahmen und gewährleisten, dass die CI die Ziele und die Vision der Beratung klar reflektiert.

(3) Positionierung

Die klare Marktstellung ist entscheidend, um sich von anderen Beratungen abzuheben. Dabei werden einzigartige Verkaufsargumente definiert, die die Beratung als attraktiv und einzigartig erscheinen lassen, wie zum Beispiel die Innovationskraft der Berater:innen oder eine Spezialisierung auf Nischenmärkte.

(4) Zielgruppenanalyse

Die Definition der Zielgruppen bestimmt die Ausrichtung der Kommunikationsstrategien und versteht die spezifischen Bedürfnisse und Erwartungen der Klient:innen. Dies beeinflusst sowohl das Design als auch den Ton der Kommunikation.

(5) Formulierung der Kernbotschaften

Die Kernbotschaften, die durch die CI vermittelt werden, basieren auf den Werten der Beratung und beinhalten Aussagen zum Nutzen und zur Einzigartigkeit der Dienstleistungen. Diese Botschaften sind klar formuliert, um konsistent und überzeugend kommuniziert zu werden.

(6) Visuelle und verbale Identität

Die aus der strategischen Zielsetzung abgeleitete visuelle und verbale Identität spiegelt die Kernwerte und das professionelle Image der Beratung wider. Dies umfasst das Logo, die Farbgebung und den sprachlichen Ausdruck, die speziell auf die Zielgruppe abgestimmt sind, um eine starke Resonanz und Identifikation zu erzeugen.

4.3   Etablierungsphase

Die Etablierungsphase ist kritisch für den langfristigen Erfolg und die Stabilität einer studentischen Unternehmensberatung. In dieser Phase liegt der Fokus auf der Entwicklung und Verfeinerung interner Prozesse und Strukturen, um die Organisation – trotz der kontinuierlichen, natürlichen Fluktuation, effizient und reaktionsschnell zu gestalten. Dazu zählen folgende Aspekte:

(1) Recruiting und Onboarding
Ein effektives Recruiting- und Onboarding-Programm hilft, neue Talente erfolgreich zu integrieren. Dies umfasst die Entwicklung von Strategien zur Talentakquise, die Durchführung von Auswahlverfahren und die Gestaltung von Einarbeitungsprogrammen.

(2) Wissensmanagement
Angesichts der hohen Fluktuation in studentischen Organisationen ist ein robustes Wissensmanagement-System notwendig. Das System sollte darauf ausgerichtet sein, wichtiges Organisationswissen zu sichern und den Wissenstransfer zwischen den Mitgliedern zu erleichtern.

(3) Projektmanagement und -dokumentation
Die Etablierung effektiver Projektmanagement-Praktiken ist zentral, um interne Projekte erfolgreich zu planen, durchzuführen und abzuschließen. Dies schließt Methoden ein, wie das Festlegen von Projektplänen, die Zuweisung von Ressourcen und die regelmäßige Überprüfung des Projektfortschritts.
 Was diese drei Aspekte eint?! Es sind direkte oder indirekte Maßnahmen, um die Folgen der kontinuierlichen, natürlichen Fluktuation in studentischen Unternehmensberatungen abzuschwächen. Da sich die Mitglieder durchschnittlich nur etwa 1,5 Jahre engagieren, bedarf es eines ständigen Zuflusses und einer fortlaufenden Integration neuer Mitglieder (siehe Recruiting und Onboarding), einer dauerhaften Aufrechterhaltung und Ausweitung des Know-hows (siehe Wissensmanagement) sowie der Etablierung und Dokumentation klarer Prozessablaufstrukturen (siehe Projektmanagement und -dokumentation). Weiterhin sind Maßnahmen notwendig, die ein attraktives Arbeitsumfeld schaffen, regelmäßige Feedback-Schleifen ermöglichen und Anreize für langfristiges Engagement bieten.
 Im Folgenden werden diese drei Punkte ausführlich beschrieben.

4.3.1 Recruiting und Onboarding

Die Gewinnung und Integration neuer Mitglieder besteht aus mehreren Schritten und setzt eine sorgfältige Planung voraus. Die neuen Mitglieder sollten nicht nur fachlich überzeugen, sondern auch persönliche Kompetenzen mitbringen, die zur Kultur der Beratung passen. Es ist besonders wichtig, dass die neuen studentischen Unternehmensberater:innen eine hohe Motivation mitbringen, sich ehrenamtlich in der Organisation zu engagieren und aktiv in verschiedenen Abteilungen mitzuwirken.

Tipp Entwickeln Sie ein klares Verständnis Ihrer Zielgruppe, basierend auf den Wegen, wie aktuelle Mitglieder beigetreten sind. Nutzen Sie diese Einblicke, um Ihre Marketingstrategien präzise auf die Bedürfnisse potenzieller Kandidat:innen abzustimmen und ihre einzigartigen Erfahrungen hervorzuheben. Nutzen Sie Erfolgsgeschichten, um die Attraktivität Ihrer Beratung zu unterstreichen.

Rekrutierungsprozess
Bezüglich des Rekrutierungsprozesses sind zwei grundsätzliche Aspekte zu beachten: Zum einen sollte sich der Ablauf – eng mit dem akademischen Kalender der Hochschule verknüpft – am Semesterzyklus orientieren. Die Ansprache neuer Berater:innen erfolgt deshalb idealerweise zu Beginn jedes Semesters. Zum anderen sollte die Ansprache potenzieller Kandidat:innen über diverse Kanäle wie Hochschul-Karriereservices, Jobmessen und soziale Netzwerke sowie durch persönliche Empfehlungen von Teammitgliedern erfolgen. Informationsveranstaltungen zu Semesterbeginn haben sich als besonders wirksam erwiesen, um Interessent:innen anzusprechen.
Der Rekrutierungsprozesses gliedert sich in die folgenden Phasen:

(1) Planung und Vorbereitung In dieser Phase werden die Anforderungen an die zu besetzenden Positionen definiert, die erforderlichen Fähigkeiten und Qualifikationen festgelegt sowie die Rekrutierungsstrategie (Zeit, Ort und Kanäle).

Tipp Legen Sie bei der Auswahl der Fähigkeiten und Qualifikationen den Schwerpunkt primär auf die Motivation und erst sekundär auf die fachlichen Kompetenzen.

(2) Sourcing und Ansprache In dieser Phase werden potenzielle Kandidat:innen identifiziert und angesprochen. Dies kann durch eine direkte Ansprache, Ausschreibungen in der Hochschule, die Nutzung sozialer Netzwerke, die Teilnahme an hochschul-internen Veranstaltungen oder durch Empfehlungen erfolgen.

(3) **Bewerbungseingang und Vorauswahl** Die eingegangenen Bewerbungen werden gesichtet und hinsichtlich ihrer Übereinstimmung mit den Anforderungen geprüft. Qualifizierte Bewerber:innen werden für die nächste Phase ausgewählt.

Tipp Bitten Sie die Interessent:innen Bewerbungen mit Lebenslauf, Motivationsschreiben und gegebenenfalls akademischen Zeugnisse zu Beginn des Semesters einzureichen.

(4) **Interviews und Bewertung** Die ausgewählten Kandidat:innen werden zu Interviews eingeladen. Das Verfahren kann mehrere Runden umfassen, einschließlich persönlicher Gespräche, Gruppendiskussionen und ggf. fachspezifischen Aufgaben oder Assessment-Centern.

Tipp Machen Sie eine Bewertung nach objektiven Kriterien, dazu können u. a. Motivation und Engagement, Team-, Analyse- und Kommunikationsfähigkeit sowie Lernbereitschaft erfasst werden.

(5) **Auswahl und Angebot** Nach den Interviews werden die geeigneten Kandidat:innen ausgewählt. Dabei sollten idealerweise möglichst viele aktuelle Mitglieder involviert sein. Den ausgewählten Kandidat:innen wird anschließend die Mitgliedschaft angetragen und sie durchlaufen ein Onboarding-Programm.

(6) **Onboarding und Einarbeitung** Nach Annahme des Angebots beginnt die Einarbeitungsphase. Neue Mitarbeiter werden in ihre Aufgaben eingeführt, lernen Kolleg:innen und die Unternehmenskultur kennen und erhalten relevante Schulungen.

Tipp Soziale Veranstaltungen im Anschluss an den Auswahltag tragen dazu bei, ein langfristiges Zugehörigkeitsgefühl zu schaffen und die Integration neuer Mitglieder positiv zu beeinflussen.

Onboarding-Programm

Das Onboarding-Programm – auf das an dieser Stelle noch einmal gesondert und ausführlicher eingegangen wird – umfasst mehrere wichtige Aktivitäten: (1) Schulungen zu internen Prozessen und Projektmanagement, (2) die Mitarbeit an internen Projekten und (3) die Durchführung von Pro-Bono-Projekten. Jedes Element dieses Programms ist darauf ausgerichtet, die neuen Mitglieder – auch als Trainees bezeichnet – sowohl fachlich als auch kulturell auf ihre Rollen vorzubereiten und sie dauerhaft in die Organisation zu integrieren. Ein Trainee ist ein Anwärter, der sich noch in der „Ausbildung" befindet und nicht alle notwendigen Basisschulungen bzw. das Pro Bono Projekt abgeschlossen hat.

(1) Schulungen zu internen Prozessen und Projektmanagement Während der Schulungen werden den neuen Mitgliedern die internen Abläufe und die Projektmanagementverfahren nahegebracht. Diese Trainings umfassen Anleitungen zu Kommunikationswegen, Qualitätsstandards, Dokumentationsrichtlinien und dem Umgang mit Ressourcen. Zusätzlich werden Grundlagen und fortgeschrittene Techniken des Projektmanagements vermittelt, um die Mitglieder auf die Leitung und Durchführung externer Projekte vorzubereiten. Die Schulungsinhalte decken dabei Themen wie Projektplanung, Risikomanagement und Stakeholder-Kommunikation ab.

Tipp Planen Sie Schulungen als Teil eines Arbeits- und Sozialwochenendes, um sowohl das Fachwissen effektiv zu vermitteln als auch das Gemeinschaftsgefühl zu stärken. Die Leitung dieser Schulungen sollten erfahrene Mitglieder, Alumni oder externe Fachleute übernehmen, um eine hohe Qualität und Relevanz der Inhalte zu gewährleisten.

(2) Mitarbeit an internen Projekten Die Zuteilung der internen Aufgaben richtet sich zunächst nach dem aktuellen Bedarf der Organisation und den individuellen Präferenzen der neuen Mitglieder. Es besteht die Möglichkeit, in verschiedenen Ressorts mitzuarbeiten. Die Trainees sollten mindestens ein Semester aktiv in einem Bereich mitarbeiten, um die Organisation substanziell weiterzuentwickeln.

(3) Durchführung von Pro-Bono-Projekten Pro-Bono-Projekte sind Beratungsprojekte, die kostenlos oder zu stark reduzierten Gebühren durchgeführt werden. Sie bieten Trainees deshalb eine hervorragende Möglichkeit, in einem geschützten Rahmen Erfahrungen zu sammeln, von erfahrenen Berater:innen Feedback zu erhalten und die Anforderungen der Kund:innen präzise zu erfüllen. Mentor:innen begleiten die Trainees durch das Projekt, bieten notwendige Unterstützung und gewährleisten, dass die Projektaufgaben effektiv verwaltet werden. Nach Abschluss des Projekts erfolgt eine formelle Bewertung, in der die Leistungen der neuen Mitglieder besprochen werden.

Tipp Geben Sie den neuen Mitgliedern Raum für Fehler und entwickeln Sie Strukturen für konstantes Feedback durch erfahrene studentische Unternehmensberater:innen.

Zusätzliche Maßnahmen Ergänzende Onboarding-Maßnahmen umfassen Mentoringprogramme, soziale Veranstaltungen und eine umfassende interne Dokumentation. Diese Aktivitäten fördern nicht nur das fachliche Verständnis, sondern auch den sozialen Zusammenhalt und die kulturelle Integration. Erfahrene Berater:innen stehen den neuen Mitgliedern als Ansprechpartner zur Verfügung und begleiten sie durch den Integrationsprozess. Die interne Dokumentation, ähnlich einer Wiki-Plattform, ermöglicht es den Trainees, sich eigenständig in die Organisationsprozesse einzuarbeiten und relevantes Wissen zu erwerben. Diese Ressource ist ständig zugänglich und wird regelmäßig aktualisiert, um alle Mitglieder auf dem neuesten Stand zu halten und das organisationale Wissen kontinuierlich zu erweitern.

4.3.2 Wissensmanagement

Das Wissensmanagement hilft dabei, den Herausforderungen durch Mitgliederfluktuation entgegenzuwirken und wertvolles organisatorisches Wissen zu bewahren. Durch die Etablierung strukturierter Ansätze, die den Zugang zu Wissen erleichtern, die Dokumentation verbessern und den Wissenstransfer innerhalb der Organisation fördern, können studentische Beratungen ihre volle Leistungsfähigkeit entfalten.

(1) Qualitätssicherung
Das QM übernimmt oft die Führung im Wissensmanagement. Es setzt einheitliche Qualitätsstandards, die als Grundlage für alle Wissensmanagementaktivitäten dienen. Diese Standards unterstützen die Speicherung und den Transfer von Wissen durch Schulungen, Wissensdatenbanken und systematische Analysen. Die Standardisierung von Prozessen innerhalb der Beratung gewährleistet, dass alle Mitglieder unabhängig von ihrer Erfahrung oder ihrem Einstiegszeitpunkt dieselben Methoden anwenden. Dies fördert die Konsistenz in der Dienstleistung und minimiert Missverständnisse. Prozessvisualisierungstools sind hilfreich, um sowohl interne als auch externe Abläufe klar zu vermitteln und ein einheitliches Verständnis zu schaffen.

(2) Wissensspeicherung und -pflege
Die Einrichtung von leicht zugänglichen Wissensdatenbanken erleichtert den Zugriff auf Dokumente und Informationen. Moderne Tools wie Wiki-Systeme oder Cloud-Speicherlösungen sind ideal, um Dokumente effektiv zu verwalten und die

Zugänglichkeit zu gewährleisten. QM sorgt für die Benutzerfreundlichkeit und Aktualität der Wissensdatenbank.

Regelmäßige Schulungen und Workshops vertiefen das Verständnis für Wissensmanagement-Systeme und unterstreichen die Bedeutung der Wissenspflege. Diese Weiterbildungen, oft geleitet von erfahrenen Mitgliedern oder externen Expert:innen, bieten wertvolle Einblicke und fördern die professionelle Entwicklung der Mitglieder.

(3) Dokumentenmanagement
Einheitliche Dokumentenvorlagen stellen sicher, dass die Unternehmensberatung sowohl intern als auch extern konsistent auftritt. Die regelmäßige Überprüfung und Aktualisierung dieser Vorlagen ist ein wichtiger Bestandteil des Wissensmanagements.

4.4 Projektphase

Die Projektphase umfasst die wesentlichen Schritte von der Initiierung bis zum Abschluss eines Projekts, wobei sowohl interne Abläufe als auch externe Anforderungen eine Rolle spielen. Im Folgenden werden die einzelnen Phasen eines Projekts, deren Aufgaben und Verantwortlichkeiten, unterteilt in drei Hauptsegmente, erläutert:

(1) Interne Projektphase
In dieser Anfangsphase steht die Akquise neuer Projekte im Mittelpunkt. Sie beginnt mit den ersten Gesprächen mit potenziellen Kund:innen und mündet in die interne Ausschreibung zur Bildung eines Projektteams.

(2) Externe Projektphase
Nach der Teamzusammenstellung folgt die externe Durchführung des Projekts. Sie startet mit einem internen Kick-off, der Erstellung eines Angebots, der Klärung rechtlicher Aspekte und erstreckt sich bis zur eigentlichen Umsetzung des Projekts.

(3) Projektabschluss
Diese Phase umfasst den formalen Abschluss des Projekts sowohl extern mit den Kund:innen als auch intern mit der studentischen Beratung. Es erfolgen die abschließende Dokumentation des Projekts und die Abwicklung finanzieller Details.

Rollenverteilung

Eine klare Definition und Verteilung der Rollen mit spezifischen Verantwortlichkeiten und Kompetenzen trägt zum reibungslosen Ablauf und zur Qualitätssicherung des Projekts bei. Im Folgenden werden die vier wichtigsten Rollen skizziert:

(1) Projektleiter:innen Projektleiter:innen tragen die Hauptverantwortung für die Planung, Koordination und Durchführung des Projekts. Sie sind die primären Ansprechpartner:innen für das Projektteam und die Kund:innen.

Aufgaben

- Erstellung des Projektplans und Festlegung der Meilensteine.
- Koordination und Führung des Projektteams.
- Sicherstellung der Einhaltung von Zeitplänen und Budgets.
- Kommunikation mit den Kund:innen und regelmäßige Statusberichte an die studentische Unternehmensberatung

Tipp Projektleiter:innen sollten über ausgezeichnete Kommunikations- und Führungsfähigkeiten verfügen, um das Team zu motivieren und die Kund:innen zufriedenzustellen. Bestenfalls wurden sie schon auf Projekte besetzt und haben entsprechen Projekterfahrung.

(2) Projektmitglieder Projektmitglieder übernehmen spezifische Aufgabenbereiche innerhalb des Projekts und tragen zur operativen Umsetzung bei. Ihre Aufgaben variieren je nach den Anforderungen des Projekts.

Aufgaben

- Durchführung von Analysen, Recherchen und operativen Tätigkeiten.
- Erstellung von Präsentationen und Berichten.
- Unterstützung der Projektleiter:innen bei der Umsetzung des Projektplans.

Tipp Eine klare Aufgabenzuweisung und regelmäßige Teammeetings helfen, den Überblick zu behalten und die Effizienz zu steigern.

(3) Projektcontroller:innen Projektcontroller:innen fungieren als Bindeglied zwischen dem Projektteam und der studentischen Unternehmensberatung. Sie sorgen für die Einhaltung der Qualitätsstandards und überwachen den Fortschritt des Projekts.

Aufgaben

- Überprüfung aller projektbezogenen Dokumente auf Qualität und Vollständigkeit.
- Kontrolle der Einhaltung von Zeitplänen und Meilensteinen.
- Unterstützung des Projektteams bei Problemen und Herausforderungen.
- Übernahme der rechtlichen Gründung und Klärung steuerlichen Fragen.

Tipp Projektcontroller:innen sollten erfahrene Mitglieder der Unternehmensberatung sein, die mit den internen Prozessen und Qualitätsstandards vertraut sind und die Erfahrungen in der rechtlichen Abwicklung besitzen.

(4) Projektbeisitzer:innen Die Rolle Projektbeisitzer:in ist optional, die hauptsächlich zur Unterstützung und Lernzwecken dient. Projektbeisitzer:innen verfolgen die Projekte als Beobachter:innen und können bei Bedarf Unterstützung leisten.

Aufgaben

- Teilnahme an Projektmeetings und -diskussionen.
- Unterstützung des Teams bei Bedarf, jedoch ohne formelle Verantwortlichkeiten.

Tipp Die Rolle der Projektbeisitzer:in bietet neuen Mitgliedern die Möglichkeit, erste Projekterfahrungen zu sammeln und von den erfahrenen Mitgliedern zu lernen.

4.4.1　Interne Projektphase

Die interne Projektphase stellt sicher, dass jedes Projekt strukturiert und effektiv verläuft. Im Folgenden werden die Schlüsselprozesse beschrieben, die in der

Organisation notwendig sind, um Projekte erfolgreich zu akquirieren und Teams strategisch zu bilden.

Akquirierung neuer Projekte

Die Akquirierung neuer Projekte bildet die Grundlage für die Tätigkeit einer studentischen Unternehmensberatung. Das Ressort BD und Marketing übernimmt hierbei eine Schlüsselrolle. Es setzt gezielte Marketingstrategien ein, um durch professionelle Präsenz auf relevanten Plattformen, wie sozialen Medien und der eigenen SEO-optimierten Webseite sowie durch aktive Netzwerkarbeit auf Branchenveranstaltungen potenzielle Kund:innen anzusprechen und für die Beratungsdienste zu gewinnen.

Erstkontakt mit potenziellen Kund:innen

Der Erstkontakt mit Interessent:innen dient der Klärung grundlegender Projektbedingungen wie die Ziele, das Budget, der Zeitplan und das erforderliche Fachwissen. Dieses Gespräch wird typischerweise von den Verantwortlichen des Ressorts BD oder von Mitgliedern des Vorstands geführt und legt den Grundstein für eine potenzielle Zusammenarbeit.

Tipp Eine gründliche Vorbereitung auf das Erstgespräch ist entscheidend. Informieren Sie sich umfassend über das potenzielle Unternehmen und dessen Branche, um während des Gesprächs gezielt auf die Bedürfnisse und Herausforderungen eingehen zu können.

Interne Ausschreibung des Projekts

Basierend auf den Informationen aus dem Erstgespräch erfolgt eine interne Ausschreibung, durch die Mitglieder der Beratung aufgefordert werden, sich für das Projekt zu bewerben. Dies geschieht durch Einreichung ihrer Lebensläufe, Beraterprofile und Motivationsschreiben, wobei die Projektauswahl nach Kriterien wie Fähigkeiten, Erfahrung und Teamdiversität erfolgt.

Tipp Gestalten Sie die interne Ausschreibung transparent und mit klaren Kriterien sowie Fristen. Dies stellt sicher, dass alle Bewerber:innen gleichbehandelt werden und die Auswahl der qualifiziertesten Teilnehmenden ermöglicht wird.

Austausch und Qualitätssicherung während des Projekts

Ein kontinuierlicher Austausch zwischen dem Projektteam und der gesamten studentischen Unternehmensberatung ist während der Projektdurchführung essenziell,

um die Qualität zu sichern und einen effektiven Wissensaustausch zu gewährleisten. Regelmäßige Updates in den Sitzungen der Beratung ermöglichen es, den
Projektfortschritt zu überwachen und bei Bedarf unterstützend einzugreifen.

Tipp Nutzen Sie regelmäßige Team-Meetings, um den Projektstatus zu besprechen
und um Feedback und Anregungen von allen Beteiligten einzuholen. Dies fördert
nicht nur die Qualität des Projekts, sondern stärkt auch den Teamgeist und die
Problemlösungskompetenz innerhalb der Gruppe.

4.4.2   Externe Projektphase

Die externe Projektphase bezieht sich auf die konkrete Durchführung des
Projekts, beginnend mit dem Kick-off-Meeting, der Ausarbeitung von Projekt-
angeboten, der Festlegung der rechtlichen Struktur bis hin zur eigentlichen
Projektumsetzung. Die Hauptziele sind die Erfüllung der Kundenanforderungen
und die Einhaltung der hohen Qualitätsstandards.

Kick-off-Meeting
Das Kick-off-Meeting markiert den offiziellen Start des Projekts. Es beginnt mit
einem internen Treffen des Projektteams, um eine einheitliche Vision und Strategie zu entwickeln. Anschließend findet ein externes Meeting mit den Kund:innen
statt. In diesem Rahmen werden die Projektziele definiert, die methodische
Vorgehensweise abgestimmt und die Erwartungen beider Seiten geklärt.

Tipp Bereiten Sie sich gründlich auf den Kick-off vor, einschließlich einer Agenda
und vorbereiteten Antworten auf mögliche Fragen der Kund:innen.

Angebotserstellung
Basierend auf den Informationen und Anforderungen, die während des Kick-off-
Meetings gesammelt wurden, wird ein detailliertes Angebot erstellt. Dieses Angebot
dient als Grundlage für den Dienstleistungsvertrag zwischen dem Projektteam und
den Auftraggeber:innen. In diesem Vertrag werden alle wichtigen Aspekte wie
Leistungsumfang, Kosten, Zeitplan und spezifische Bedingungen festgehalten.

Tipp Nutzen Sie Vorlagen für die Angebotserstellung und lassen Sie diese durch
erfahrene Teammitglieder überprüfen, um sicherzustellen, dass alle rechtlichen und
projektbezogenen Anforderungen erfüllt sind.

Rechtliche Struktur

Die rechtliche Struktur eines Projekts ist entscheidend, um klare Verantwortlichkeiten und rechtliche Sicherheit zu gewährleisten. Für externe Projekte wird häufig eine Gesellschaft bürgerlichen Rechts (GbR) gegründet, da die Organisationsform der studentischen Unternehmensberatung oft nicht als rechtlicher Vertragspartner für Projekte ausgelegt ist.

Rechtliche Form Für jedes externe Projekt wird in der Regel eine eigene GbR durch einen schriftlichen Vertrag gegründet. Diese flexible Rechtsform ermöglicht den Projektmitgliedern, als rechtliche Einheit gegenüber den Kund:innen aufzutreten und Verträge abzuschließen. Die GbR minimiert die Haftung des studentischen Beraterteams, indem sie diese auf das GbR-Vermögen beschränkt und bietet klare Verantwortlichkeiten und eine einfache Verwaltung ohne großen bürokratischen Aufwand.

Tipp Nutzen Sie standardisierte Vorlagen für den GbR-Vertrag und lassen Sie diesen von erfahrenen Mitgliedern oder externen Berater:innen überprüfen.

Beantragung der Steuernummer Nach der Gründung der GbR muss beim Finanzamt eine Steuernummer beantragt werden. Diese ist notwendig, um Rechnungen auszustellen und Steuererklärungen abzugeben.

Tipp Planen Sie die Beantragung der Steuernummer frühzeitig, um Verzögerungen im Projektablauf zu vermeiden.

Vertragswesen Alle relevanten Verträge, einschließlich Dienstleistungsvertrag und Non-Discloser Agreements, werden sorgfältig erstellt und geprüft. Der Dienstleistungsvertrag regelt die Rahmenbedingungen der Zusammenarbeit mit dem Kunden, einschließlich Abrechnungsmodalitäten und Projektzielen.

Tipp Verwenden Sie standardisierte Vertragsvorlagen und lassen Sie diese von erfahrenen Mitgliedern prüfen.

Finanzielle Regelungen Die GbR legt auch die internen finanziellen Regelungen fest, einschließlich der Verteilung der Projektgelder, der Abrechnung der Arbeitsstunden und der Zahlungsmodalitäten. Eine transparente Finanzplanung ist entscheidend, um Konflikte zu vermeiden und die Zufriedenheit aller Beteiligten sicherzustellen. Planen Sie auch mit einer Projektprovision, die an die studentische Unternehmensberatung bezahlt wird.

Projektdurchführung

In der Durchführungsphase wird das Projekt nach den vereinbarten Zielen und dem festgelegten Zeitplan umgesetzt. Diese Phase umfasst die kontinuierliche Überwachung des Projektfortschritts, die regelmäßige Kommunikation mit dem Kund:innen über den Status des Projekts und die Anpassung der Projektziele bei Bedarf.

Tipp Nutzen Sie Projektmanagement-Tools, um den Fortschritt zu dokumentieren und Transparenz zu schaffen. Regelmäßige Meetings und Statusberichte halten alle Beteiligten auf dem Laufenden.

Häufige Herausforderungen in der Projektdurchführung

In der Projektdurchführung können verschiedene Herausforderungen auftreten. Es ist entscheidend, diese rechtzeitig zu erkennen und effektiv darauf zu reagieren. Hier sind einige häufige Probleme und Empfehlungen für den Umgang mit ihnen:

(1) Kommunikationsprobleme Mangelnde Klarheit in der Kommunikation kann zu Missverständnissen und Fehlinterpretationen führen, die das Projektziel gefährden.

Tipp Etablieren Sie klare Kommunikationskanäle und regelmäßige Updates. Verwenden Sie Projektmanagementtools, um sicherzustellen, dass alle Teammitglieder und Stakeholder stets auf demselben Stand sind.

(2) Ressourcenengpässe Unzureichende oder falsch zugeordnete Ressourcen können zu Verzögerungen oder Qualitätsmängeln führen.

Tipp Führen Sie regelmäßige Überprüfungen der Ressourcennutzung durch und passen Sie die Ressourcenplanung an, um sicherzustellen, dass alle Projektanforderungen erfüllt werden.

(3) Änderungen im Projektumfang (Scope Creep) Erweiterungen oder Änderungen des Projektumfangs ohne Anpassungen von Zeitplan oder Budget können das Projekt überlasten.

Tipp Definieren Sie den Projektumfang klar und implementieren Sie ein formales Verfahren für Änderungsanfragen, um Scope Creep zu verwalten.

(4) Fehlendes Stakeholder-Engagement Mangelndes Interesse oder Engagement von Stakeholdern kann die Projektausrichtung und -akzeptanz beeinträchtigen.

Tipp Entwickeln Sie eine Stakeholder-Managementstrategie, um deren Erwartungen aktiv zu managen und regelmäßiges Feedback einzuholen.

(5) Arbeitskultur und Teamdynamik Unterschiede in der Arbeitskultur und in persönlichen Arbeitsstilen können zu Konflikten und einer ineffizienten Zusammenarbeit führen.

Tipp Fördern Sie eine Kultur der Offenheit und des Respekts. Nutzen Sie teambildende Maßnahmen und Konfliktmanagement-Techniken, um ein positives Arbeitsklima zu schaffen.

4.4.3 Projektabschluss

Der Projektabschluss umfasst sowohl den externen Abschluss mit den Kund:innen als auch den internen Abschluss innerhalb der studentischen Unternehmensberatung. Ziel ist es, das Projekt sauber abzuschließen, eine umfassende Projektdokumentation zu erstellen und die Erfahrungen für zukünftige Projekte zu sichern.

Externer Abschluss
Der externe Abschluss beinhaltet die Übergabe aller relevanten Dokumente an die Kund:innen und die abschließende Bezahlung. Eine Evaluation der Arbeit erfolgt durch eine quantifizierte Kundenabfrage, um die Qualität zu sichern und die Kund:innen für zukünftige Projekte zu binden.

Tipp Planen Sie ausreichend Zeit für den externen Abschluss ein, um sicherzustellen, dass alle Dokumente vollständig und korrekt sind. Eine gründliche Übergabe hinterlässt einen professionellen Eindruck.

Interner Abschluss
Nach dem externen Abschluss folgt der interne Abschluss, bei dem eine umfassende Projektdokumentation erstellt wird. Das Projektteam zahlt eine Provision an die studentische Unternehmensberatung, die üblicherweise zwischen 5 und

30 % des Projektwerts beträgt. Diese Provision variiert je nach Erfahrung der Projektmitglieder und den spezifischen Vereinbarungen mit der studentischen Beratung.

Tipp Halten Sie sich an die Vorlagen für die Projektdokumentation, um Einheitlichkeit und Vollständigkeit zu gewährleisten. Eine sorgfältige Dokumentation hilft zukünftigen Teams, von den gemachten Erfahrungen zu profitieren.

Projektdokumentation
Die Projektdokumentation ist ein wesentlicher Bestandteil des Projektabschlusses. Sie sollte alle relevanten Informationen enthalten, einschließlich der Projektziele, des Vorgehens, der Ergebnisse und der Lessons Learned. Eine einheitliche Struktur erleichtert den Wissensaustausch und dient als wertvolle Ressource für zukünftige Projekte.

Tipp Nutzen Sie Checklisten und Vorlagen, um sicherzustellen, dass keine wichtigen Informationen vergessen werden. Die Dokumentation sollte für alle Mitglieder leicht zugänglich sein.

Checkliste für die Gründung Einer Studentischen Unternehmensberatung

5

Zusammenfassung

Dieses Kapitel bietet eine Checkliste für die Vorgründungsphase einer studentischen Unternehmensberatung. Es beinhaltet die initiale Planung und Motivation, einschließlich der Festlegung langfristiger Ziele und der Zusammenstellung eines engagierten Teams. Organisatorische Grundlagen, Aufbau interner Strukturen und Abteilungen sind Bestandteil der Checkliste. Der Fokus liegt auf der Entwicklung eines Beratungs- und Dienstleistungsportfolios, der Ressourcenplanung und dem Netzwerkaufbau. Abschließend beinhaltet die Checkliste Strategien für die interne und externe Kommunikation, um den Gründungsprozess effektiv zu unterstützen.

1. Initiale Planung und Motivation

Klärung der Motivation

- Gründe für die Gründung einer studentischen Unternehmensberatung sammeln.
- Langfristige Ziele und Visionen festlegen.

Teamzusammenstellung

- Zusammenstellung eines interdisziplinären Teams (fünf bis zehn engagierte Studierende).
- Rollen und Verantwortlichkeiten definieren.

© Der/die Autor(en), exklusiv lizenziert an Springer Fachmedien Wiesbaden GmbH, ein Teil von Springer Nature 2024
D. Bolz und A. Braun, *Gründung und Führung studentischer Unternehmensberatungen*, essentials,
https://doi.org/10.1007/978-3-658-45996-3_5

55

Erstellung einer Roadmap

- Grobe Roadmap für die Gründung und erste Aktivitäten aufstellen.
- Meilensteine und Deadlines festlegen.

Interne Strukturen definieren

- Kommunikationsplattformen (z. B. Slack, Microsoft Teams) festlegen.
- Verantwortlichkeiten und Arbeitsabläufe festlegen.

2. Organisatorische Grundlagen

Standort festlegen

- Idealerweise nahe der Hochschule.
- Zugang zu akademischen Ressourcen und Räumlichkeiten sicherstellen.

Namensgebung

- Rechtliche Überprüfung des Namens.
- Verfügbarkeit der Domain prüfen.
- Einprägsamkeit und Professionalität des Namens sicherstellen.

Rechtsform wählen

- Entscheidung zwischen eingetragenem Verein (e. V.), GmbH oder UG.
- Vor- und Nachteile der jeweiligen Rechtsformen abwägen.

3. Organisationsaufbau

Abteilungen festlegen

- Wie z. B. Human Resources, Business Development, Qualitätsmanagement, Marketing, IT.

Vorstandsteam etablieren

- Zuständigkeiten Internes, Externes und Finanzen & Recht bestimmen.

4. Beratungs- und Dienstleistungsangebot

Teamkompetenzen analysieren

- Stärken und Spezialisierungen der Mitglieder feststellen.
- Workshops und Zertifikate berücksichtigen.

Marktbedürfnisse identifizieren

- Bedürfnisse und Herausforderungen potenzieller Kunden verstehen.
- Marktanalyse durchführen.

Wettbewerbsanalyse

- Konkurrenzsituation analysieren und Positionierung festlegen.

Dienstleistungsportfolio entwickeln

- Angebotspakete definieren und dokumentieren.
- Beispielhafte Projektvorschläge entwickeln.

5. Ressourcenplanung

Finanzierung sicherstellen

- Startkapital und finanzielle Mittel organisieren.
- Mögliche Förderungen prüfen.

Technologische Infrastruktur

- Notwendige IT- und Kommunikationsmittel beschaffen.
- Softwarelösungen (z. B. CRM-Tools, Projektmanagement-Software) auswählen.

Räumlichkeiten klären

- Zugang zu geeigneten Arbeitsräumen sicherstellen.
- Kooperation mit der Hochschule prüfen.

6. Netzwerkaufbau

Partnerschaften knüpfen

- Kooperationen mit anderen studentischen Unternehmensberatungen aufbauen.
- Netzwerkveranstaltungen besuchen.

Universitäre Unterstützung

- Einbindung von Professor:innen und universitären Einrichtungen (z. B. Career Centers, Gründungsbüros) sicherstellen.
- Offizielle Anerkennung durch die Universität anstreben.

7. Kommunikationsstrategie

Interne Kommunikation

- Plattformen wie Slack, Microsoft Teams oder Google Workspace nutzen.
- Regelmäßige Teammeetings und Feedback-Schleifen einführen.

Externe Kommunikation

- Öffentlichkeitsarbeit und Marketingmaßnahmen planen und umsetzen.
- Website und Social-Media-Kanäle erstellen und pflegen.

Feedback-Kultur etablieren

- Regelmäßige Evaluationen und Mitgliederbefragungen durchführen.

Was Sie aus diesem *essential* mitnehmen können

- Praktische Tipps und Methoden zur erfolgreichen Gründung und Organisation studentischer Unternehmensberatungen.
- Spannende Einblicke in die Bedeutung und den Einfluss von studentischen Unternehmensberatungen im Ökosystem Hochschule.
- Praxisnahe Checklisten und Konzepte zu Vor-Gründungs-, Gründungs-, Etablierungs- und Projektphase in studentischen Unternehmensberatungen.
- Detaillierte Schritt-für-Schritt-Anleitung zur Planung, Durchführung und zum Abschluss von Projekten in studentischen Unternehmensberatungen.

Literatur

Almeida, J., Daniel, A. D., & Figueiredo, C. (2021). The future of management education: The role of entrepreneurship education and junior enterprises. *International Journal of Management Education, 19*(1), N.PAG. https://doi.org/10.1016/j.ijme.2019.100318.

Ardley, B., & Taylor, N. (2010). The student practitioner: Developing skills through the marketing research consultancy project. *Marketing Intelligence & Planning, 28*(7), 847–861. https://doi.org/10.1108/02634501011086454.

Baehre, S., O'Dwyer, M., O'Malley, L., & Story, V. M. (2022). Customer mindset metrics: A systematic evaluation of the Net Promoter Score (NPS) vs. alternative calculation methods. *Journal of Business Research, 149*, 353–362. https://doi.org/10.1016/j.jbusres.2022.04.048.

BDSU e. V. (2022). Vorteile für Studentische Unternehmensberatungen im BDSU. https://bdsu.de/studierende/. Zugegriffen: 10. Apr. 2023.

Beher, K., Liebig, R., & Rauschenbach, T. (1998). *Das Ehrenamt in empirischen Studien: Ein sekundäranalytischer Vergleich* (2. Aufl.). Kohlhammer.

Belwal, R., Belwal, S., Sufian, A. B., & Al Badi, A. (2021). Project-Based Learning (PBL): Outcomes of students' engagement in an external consultancy project in Oman. *Education & Training, 63*(3), 336–359. https://doi.org/10.1108/ET-01-2020-0006.

Brockman, B. K., & Soydan, L. (2019). Solution scholars: An interdisciplinary student consulting model. *Business Education Innovation Journal, 11*(1), 99–106.

Calnan, R. R., Cours, D. A., & Williams, M. S. (2020). Connecting to the real world: Incorporating student consulting projects in real estate programs. *Journal of Education for Business, 95*(1), 59–65. https://doi.org/10.1080/08832323.2019.1599796.

Canziani, B., & Tullar, W. L. (2017). Developing critical thinking through student consulting projects. *Journal of Education for Business, 92*(6), 271–279. https://doi.org/10.1080/08832323.2017.1345849.

Carlin dos Santos, J., Ribeiro da Silva, H. M., Salati Marcondes de Moraes, G. H., & de Oliveira Frascareli, F. C. (2023). The role of entrepreneurial orientation and learning on the performance of junior enterprises. *Organizations & Markets in Emerging Economies, 14*(1), 110–132. https://doi.org/10.15388/omee.2023.14.84.

Clute, W. T. (1986). Student consultants: Teaching applied sociology in substantive courses. *Teaching Sociology, 14*(3), 196–199. https://doi.org/10.2307/1318478.

Daniel, A. D., & Almeida, J. (2021). The role of junior enterprises in the development of students' entrepreneurial skills. *Education & Training, 63*(3), 360–376. https://doi.org/10.1108/ET-03-2019-0049.

De Freitas, P. F. P., Montezano, L., & Odelius, C. C. (2019). The influence of extracurricular activities in the managerial competencies development in research groups. *Administração: Ensino e Pesquisa, 20*(1), 6–41. https://doi.org/10.13058/raep.2019.v20n1.1070.

Desai, A., & DeArmond, S. (2021). Differences in consulting experiences with for-profit and non-profit clients: Implications for practice and research. *International Journal of Management Education (Elsevier Science), 19*(3), N.PAG. https://doi.org/10.1016/j.ijme.2021.100554.

Desai, A., Tippins, M., & Arbaugh, J. B. (2014). Learning through collaboration and competition: Incorporating problem-based learning and competition-based learning in a capstone course. *Organization Management Journal, 11*(4), 258–271. https://doi.org/10.1080/15416518.2014.973793.

Dias Campos, E. B., Bezerra, K., Bonatti, C. L., & Da Silva Abbad, G. (2014a). Brazilian junior entrepreneurs' competencies. *Business Management Dynamics, 3*(9), 16–30.

Dias Campos, E. B., Da Silva Abbad, G., Zeitouni Ferreira, C., & Magalhães De Negreiros, J. L. X. (2014b). Empresas juniores como espaços de apoio à formação proissional de estudantes universitários brasileiros. *Revista Psicologia. Organizacoes e Trabalho, 14*(4), 452–463.

Egerton, M. (2002). Higher education and civic engagement*. *British Journal of Sociology, 53*(4), 603–620. https://doi.org/10.1080/0007131022000021506.

Ford, S. J., Goana, T. H., & Gill, A. K. (2023). Extracurricular student-run consulting projects: Experiential learning, benefits and challenges at Axis Consulting. *International Journal of Management Education (Elsevier Science), 21*(3), N.PAG. https://doi.org/10.1016/j.ijme.2023.100851.

Grossman, T. A. (2002). Student consulting projects benefit faculty and industry. *Interfaces, 32*(2), 42–48. https://doi.org/10.1287/inte.32.2.42.66.

Gustafsson, E., McKelvey, M., & Zaring, O. (2023). Exploring how the university ecosystem can mobilise resources for social innovation and entrepreneurship: Knowledge-intensive entrepreneurial firms in Sweden. *Journal of Social Entrepreneurship,* 1–24. https://doi.org/10.1080/19420676.2023.2298677.

Hackman, J., & Oldham, G. R. (1976). Motivation through the design of work: Test of a theory. *Organizational Behavior and Human Performance, 16*(2), 250–279. https://doi.org/10.1016/0030-5073(76)90016-7.

Harris, M. L., Barber III, D., & Childers Jr., J. S. (2022). Leveraging the student consulting model to create a comprehensive academic program. *Small Business Institute® Journal (SBIJ), 18*(1), 33–39. https://doi.org/10.53703/001c.32471.

Heriot, K. C., Cook, R., Jones, R. C., & Simpson, L. (2008). The use of student consulting projects as an active learning pedagogy: A case study in a production/operations management course. *Decision Sciences Journal of Innovative Education, 6*(2), 463–481. https://doi.org/10.1111/j.1540-4609.2008.00186.x.

Holler Phillips, C. M. (2011). A study of student consultants' comfort levels with research-related tasks. *Behavioral & Social Sciences Librarian, 30*(2), 85–106. https://doi.org/10.1080/01639269.2011.569310.

JCNetwork. (2022). Willkommen beim JCNetwork e. V. https://jcnetwork.de/. Zugegriffen: 11. Nov. 2022.

Junior Enterprises Europe. (2022). JEE. https://juniorenterprises.eu/. Zugegriffen: 11. Nov. 2022.

Khan, H., Oyelude, O., & Ball, D. R. (2018). Rebranding a special needs school through marketing and entrepreneurship: An MBA capstone consulting case study. *Proceedings of the Northeast Business & Economics Association*, 163–166.

Khanin, D., & Teckchandani, A. (2016). Transfer, generation and renewal of expertise via sensegiving and collaborative sensemaking: The challenges of student consulting. *Journal of the Academy of Business Education*, *17*, 62–78.

Lippold, D. (2019). *Grundlagen der Unternehmensberatung: Strukturen – Konzepte – Methoden* (2. Aufl.). De Gruyter Oldenbourg.

Lizzio, A., & Wilson, K. (2004). Action learning in higher education: An investigation of its potenzial to develop professional capability. *Studies in Higher Education*, *29*(4), 469–488. https://doi.org/10.1080/0307507042000236371.

Lycko, M., & Galanakis, K. (2021). Student consultancy projects playbook: Learning outcomes and a framework for teaching practice in an international entrepreneurial context. *International Journal of Management Education (Elsevier Science)*, *19*(1), N.PAG. https://doi.org/10.1016/j.ijme.2019.02.005.

Massiera, P. (2021). Teaching business models through student consulting projects. *Journal of Business Models*, *9*(3), 25–38. https://doi.org/10.5278/jbm.v9i3.2580.

Möller, C., & Rundnagel, H. (2019). *Freiwilliges Engagement von Studierenden: Analysen, Konzepte, Perspektiven* (1. Aufl.). Springer VS.

de Moraes, G. H. S. M., Iizuka, E. S., da Rocha, A. K. L., & Diaféria, A. M. (2022). Junior enterprise and entrepreneurial behavior in Brazil. *Innovation & Management Review*, *19*(2), 156–172. https://doi.org/10.1108/INMR-09-2020-0119.

Nissen, V. (2007). Consulting Research – Eine Einführung. *DUV*, 3–38. https://doi.org/10.1007/978-3-8350-9236-5_1.

O'Flaherty, M., Baxter, J., & Campbell, A. (2022). Do extracurricular activities contribute to better adolescent outcomes? A fixed-effects panel data approach. *Journal of Adolescence*, *94*(6), 855–866. https://doi.org/10.1002/jad.12069.

Osterwalder, A., & Pigneur, Y. (2010). *Business model generation: A handbook for visionaries, game changers, and challengers*. Wiley.

Peake, W. O., & Potter, P. W. (2022). University strategy, accreditation standards, and the applied education mission: Using the student consulting to build bridges. *Small Business Institute® Journal (SBIJ)*, *18*(1), 10–22. https://doi.org/10.53703/001c.32465.

Phillips, C. M. H. (2010a). Students' research experiences during consulting projects: Three themes emerging from case studies. *Behavioral & Social Sciences Librarian*, *29*(2), 91–108. https://doi.org/10.1080/01639261003742157.

Phillips, C. H. (2010b). Student consultants' resource use in small business deliverables: A case study from the illinois business consulting program at the university of illinois. *Journal of Business & Finance Librarianship*, *15*(3/4), 221–229. https://doi.org/10.1080/08963568.2010.487695.

Pittaway, L., Gazzard, J., Shore, A., & Williamson, T. (2015). Student clubs: Experiences in entrepreneurial learning. *Entrepreneurship & Regional Development: An International Journal*, *27*(3–4), 127–153.

Portney, D. S., Von Achen, P., Standiford, T., Carey, M. R., Vu, J., Kirst, N., & Zink, B. (2019). Medical student consulting: Providing students leadership and business opportunities while positively impacting the community. *MedEdPORTAL : The Journal of Teaching and Learning Resources, 15,* 10838. https://doi.org/10.15766/mep_2374-8265. 10838.

Sansone, G., Ughetto, E., & Landoni, P. (2021). Entrepreneurial intention: An analysis of the role of student-led entrepreneurial organizations. *Journal of International Entrepreneurship, 19*(3), 399–433. https://doi.org/10.1007/s10843-021-00288-6.

Sonfield, M. C. (1981). Can student consultants really help a small business. *Journal of Small Business Management, 19*(4), 3–9.

Thompson, K. S. (2018). Integrating service-learning in business school curricula. *Business Education Innovation Journal, 10*(2), 111–115.

Printed in the USA
CPSIA information can be obtained
at www.ICGtesting.com
CBHW051036281024
16493CB00004BA/90

9 783658 459956